国外陆军保障运行研究

主 编 张 庆

哈尔滨工程大学出版社
Harbin Engineering University Press

内 容 简 介

面对信息化战争形态和战场环境的深刻变化,为有效应对新型陆战对保障带来的一系列冲击和挑战,国外陆军纷纷推进保障体制改革,创新发展保障模式方法。本书密切关注国外陆军保障体制发展现状和趋势,以国外陆军战区保障体制与运行为对象,展开论述和研究。本书主要内容包括国外陆军战区保障司令部、保障旅、专业部队营及战斗保障支援营的职能与架构,国外陆军战区保障行动环境、行动内容、行动方式与方法,国外陆军战区保障任务式指挥等。

本书可供相关军事理论研究人员、爱好者参考使用。

图书在版编目(CIP)数据

国外陆军保障运行研究/张庆主编. ——哈尔滨:
哈尔滨工程大学出版社,2024.2
ISBN 978-7-5661-4307-5

Ⅰ.①国… Ⅱ.①张… Ⅲ.①陆军装备—装备保障—研究—世界 Ⅳ.①E151

中国国家版本馆 CIP 数据核字(2024)第 050622 号

国外陆军保障运行研究
GUOWAI LUJUN BAOZHANG YUNXING YANJIU

选题策划　刘思凡
责任编辑　暴　磊
封面设计　李海波

出版发行　哈尔滨工程大学出版社
社　　址　哈尔滨市南岗区南通大街 145 号
邮政编码　150001
发行电话　0451-82519328
传　　真　0451-82519699
经　　销　新华书店
印　　刷　哈尔滨午阳印刷有限公司
开　　本　787 mm×1 092 mm　1/16
印　　张　9.25
字　　数　182 千字
版　　次　2024 年 2 月第 1 版
印　　次　2024 年 2 月第 1 次印刷
书　　号　ISBN 978-7-5661-4307-5
定　　价　50.00 元
http://www.hrbeupress.com
E-mail:heupress@hrbeu.edu.cn

编 委 会

前　言

近期几场局部战争实践表明,以信息化、智能化、无人化为典型特征的新一轮军事变革正在加速演进,引领并深刻影响世界军事变革的发展轨迹,多域战、混合战、全频谱作战、精确控制战等新型作战概念层出不穷,给世界各国军队建设和作战理论体系带来了一系列冲击和挑战。面对战争形态和战场环境的变化,为了在世界多极、大国博弈的背景下实现战略部署,谋求超越对手、赢得作战胜利,国外陆军纷纷推进战区保障体制改革,创新发展战区保障运行模式方法,以便为己方部队在未来竞争和冲突中对抗和击败对手创造条件。

美国国防部早在 2003 年发表的《转型计划指南》中就强调:"转型战略的执行将把美军从工业时代的机械化军队转变为信息时代的军队。"在其《国防部后勤转型战略》中,也明确要求后勤、装备保障领域必须进行全面改造,以适应联合作战背景下全频谱行动的需求,要将传统的层级保障体系转变为基于网络、能力,高度敏捷、精确、可靠的一体化保障体系。美国陆军战区保障司令部担负着连接国家战略保障与战区、战役、战术保障的桥梁作用,是实施战区保障指挥控制、实现整体作战目标保障职能的核心机构。其主要任务是向战区内部署的战役级部队提供地区保障,包括实施战役级运输与机动,提供战役级后勤保障、装备保障与人事保障等。保障旅是美国陆军模块化转型过程中新组建的战役战术级基本保障力量。美国陆军在模块化转型过程中,在整合重组战区、军、师保障力量的基础上,组建了全新的保障旅,使之成为战区保障司令部的下属保障部队。保障旅遂行的主要任务是战区开设、战区配送和保障。保障旅的核心能力在于对保障行动的指挥控制和参谋监督。目前,美国陆军已经建成 14 个现役模块化保障旅。保障旅的编组类型和规模取决于任务,以及受保障旅支援的作战部队的数量、规模和类型。保障旅下辖的建制部队通常只有 1 个专业部队营,一般可配属 3~7 个战斗保障支援营,对作战部队实施支援保障。

本书密切关注国外陆军战区保障体制发展现状和运行趋势,以国外陆军战区保障司令部及保障旅体制与运行问题为对象,展开论述和研究。第一章描述国外陆军战区保障司令部的职能与任务、指挥官与参谋机构，以及计划周期等相关内容。第二章阐述国外陆军远征保障司令部的职能与任务、指挥官与参谋人员。第三章阐述国外陆军战区保障司令部机构编制，分析国外陆军战区保障司令部的行动环境。第四章描述国外陆军保障旅的能力与职责、指挥与支援关系，以及组织机构。第五章、第六章分别讨论国外陆军专业部队营、战斗保障支援营的能力、关系及组织机构等问题。第七章从战区保障司令部、保障旅两个层面，重点论述国外陆军战区保障行动的内容、方式与方法。第八章包括"指挥系统""指挥所分队和参谋人员""环境保障、风险管理与持续性活动""指挥流程"等内容。附录部分介绍美国陆军保障专业术语。

本书的研究目的是搜集整理、解析形成国外陆军战区保障体制与运行理论内容框架，为军队装备机关、军工企业、有关院校、研究机构了解学习以美军为代表的国外陆军保障转型过程，以及新的保障理念、体制编制、能力职责、保障行动、保障指挥等提供第一手的信源资料，为我军装备建设和发展领域的改革、转型提供参考借鉴的理论依据。

在本书撰写的过程中，采用美军公开出版的保障条令和技术出版物，以增强权威性和可信度。由于编者水平有限，资料不够全面，书中观点难免有不足之处，敬请广大读者、同行批评指正。

编　者

2023 年 8 月

目　　录

第一章　国外陆军战区保障司令部

国外陆军战区保障司令部负责为战区提供保障,以保障联合地面行动的实施。战区保障司令部与保障旅、其他模块化保障部队进行混合编组,以使战区保障司令部指挥官能够在责任范围内提供保障,如战区准备、战区配送、提供供给和结束战斗等,以顺利完成多样化任务。

第一节　职能与任务

战区保障司令部的职能是依靠相关资源与系统,提供保障与勤务,确保自由行动,提高作战能力,以及增强部队持续战斗力;保障、支撑陆军部队行动的深度与广度,使其掌握主动权;作战中,提供必要的后勤、人事、医疗等服务保障,确保部队作战行动持续至任务完成。

战区保障司令部的任务是在指定的责任范围内,为战役级任务部队提供保障。作战中,为陆军军种部队司令部、联合部队指挥官或多国联合部队指挥官提供计划、控制和协调陆军的部署和保障,为陆军军种部队司令部提供集中任务式指挥保障框架,并且为所有联合地面行动提供保障。

战区保障司令部通过人力资源保障中心和财务管理中心,利用模块化部队,包括远征保障司令部、保障旅、战斗保障支援营及其他模块化保障编队,有效遂行任务。保障旅、战斗保障支援营和职能保障部队,是派到战区内执行战区保障司令部任务的重要力量。根据任务、敌情、地形和天候、可用兵力与支援、可用时间及民事考虑的要求,战区保障司令部可在具体的联合作战区域内,通过部署单个或者多个远征保障司令部,或者通过保障旅,扩大行动范围,为陆军部队提供有效的响应保障。远征保障司令部在联合作战区域内或区域间负责战区准备、战区配送和战区保障任务式指挥。

根据联合地面行动需要,战区保障司令部可在责任范围外行动,为更有效地执行任务式指挥职能,可与陆军军种部队司令部并列。必要时,战区保障司令部在作战区域部署远征保障司令部,提供靠前任务式指挥,扩大控制范围或者对特定方向保障行动进行任务式指挥。当远征保障司令部部署时间未能满足战区保障司令部任务式指挥的要求时,通常需要根据战区保障司令部指令,重新调整位置和责任范围,梯次配置指挥机构,保障任务式指挥的连续性。

一、战区准备

战区准备指在某作战区域内,建立并运行航空、海运及铁路等卸载港,建立配送系统,以提高任务部队的接收、中间整备、前进、整合吞吐量的效率。

保障旅与战斗保障支援营,按照战区准备行动的任务要求,隶属战区保障司令部或者远征保障司令部。执行战区准备任务时,战区保障司令部通常指定部分额外人员增援保障旅,为保障旅提供额外的人力与技能,以便指挥、控制和协调。例如,管理运输资产、同步接收、中间整备、前进、整合行动、港口运营、吞吐量规划、节点与模式管理、联运操作与行动控制等。战区保障司令部或者远征保障司令部在战区准备中的首要步骤是建立港口,进行初始保障行动。

港口准备是战区准备的一项重要工作。运输旅隶属于战区保障司令部,担负部分战区准备任务。当卸载港和保障基础设施建成,并且满足预计节点要求的保障能力时,即完成港口准备。

(一)港口运行

港口准备需要专业的卸载港运行职能单位。卸货港运行有助于使人员与装备的吞吐量最大化。各种保障需求送送到战区为第一个节点,保障资源通过节点进入军种战区配送系统。战区保障司令部运行职能单位,主要包括运输旅、终点站运输营、军事地面部署、配送司令部运输营、港口准备联合特遣部队、空军机动司令部应急响应大队、海军货物处理营和行动控制小组等。

(二)港口准备联合特遣部队(空运卸载港)

港口准备联合特遣部队(空运卸载港),是由运输司令部提供的联合战区准备力量。运输司令部快速建立与初始运行空运卸载港,在责任范围内建立配送节点,提高港口吞吐量。港口准备联合特遣部队并非常设特遣部队,必要时由经过联合训练的待命部队组建。港口准备联合特遣部队(空运卸载港),通常由空军机动司令部应急反应大队指挥官指挥控制。港口准备联合特遣部队(空运卸货港)的陆军部队通常为运输分遣队,担负快速港口准备任务,主要负责有限行动控制职能、货物转运能力和资产运输,通常不包括重型装备卡车、崎岖地形货物运输设备及起重设备。

联合部署与配送行动中心,向运输司令部申请港口准备联合特遣部队。港口准备联合特遣部队部署后,担负战区作战司令部直接保障任务,可执行长达60天的初始战区准备职能,直至后续部队接任。战区保障司令部(远征保障司令部),应与港口准备联合特遣部队紧密配合,以实现联合作战区域内战区准备能力的无缝衔接。

（三）港口准备联合特遣部队（海运卸载港）

港口准备联合特遣部队（海运卸载港）是由运输司令部所提供的联合战区准备力量。运输司令部快速建立并初始运行海运卸载港，在作战区域内建立配送节点，提高港口吞吐量，其设计与能力和港口准备联合特遣部队（空运卸载港）类似。港口准备联合特遣部队（海运卸载港），由陆军军事地面部署与配送司令部营或者远征港口部队司令部指挥控制，通常在需要时由经过联合训练的待命部队组建。港口准备联合特遣部队（海运卸载港），通常由陆军与海军部队组成，也可能由额外港口准备部队（如远征合同部队）、陆军军事地面部署与配送司令部领域专家、船舶管理专家进行增援。

（四）运输旅

通常情况下，战区保障司令部指派运输旅到陆军部队司令部，对指定和附属港口、终点站和船舶单位，执行远征多方式联运行动，以保障联合地面行动。运输旅通常部署于特定作战区域，对港口准备与内陆航道行动、荒芜岸滩、条件不完备的海港等实施任务式指挥。

（五）军事地面部署与配送司令部运输旅

军事地面部署与配送司令部运输旅同战区作战司令部联合，在作战区域内提供港口管理职能。作战中，军事地面部署与配送司令部充当运输司令部的陆军军种部队司令部，是陆军装备司令部主要下属机构。军事地面部署与配送司令部运输旅能够在联合部署配送企业和陆军装备司令部装备企业之间建立联系。同时，军事地面部署与配送司令部运输旅可与商业运输企业合作，协调联合地面行动运输需求与企业配送能力。

二、战区配送

战区配送是同步所有后勤系统部队的行动过程，是延长保障持久性的主要方式，在恰当时间将所需资源，精确配送到指定地点。战区配送通过战区内设备、人员和装备的流通，以满足指挥官的保障需求。战区配送从卸载港或者预储地域延伸到指定地点，主要包括运输管理、行动控制、仓储、库存控制、指令管理、地点和位置分析、包装、数据处理，以及装备、人员和通信管理等。战区保障司令部将担负战区配送的主要部队集中于支援保障行动，战区保障配送管理中心是战区配送活动的指挥控制中心。

（一）配送目的

为完成作战任务,联合地面行动需要指挥官激发并保持部队战斗力。战区保障司令部负责陆军战区保障,促使联合部队战斗力的发挥与释放。战区保障活动通常由后勤、人事勤务、医疗保障组成。战区保障司令部与远征保障司令部,通过保障行动保障任务部队作战职能的有效发挥。

（二）任务清单

陆军标准化任务清单,是陆军部基本工作的官方清单,旅及旅以上单位在任何行动环境下必须执行。战区配送任务清单的主要内容有基本任务、任务小组、保障任务集合等。

战区保障司令部,按照上级作战计划确定完成任务所需具体工作清单。为保障主要行动顺利实施,需要将具体任务清单在陆军军种部队司令部与战区作战司令部的行动计划中予以明确。陆军军种部队司令部指挥官负责批准战区保障司令部完成任务所需具体工作清单。

示例:

战区保障司令部××××年××月××日配送任务清单:
1. 完成任务所需具体工作清单:执行任务式指挥;
2. 完成任务所需具体工作清单:提供行动保障;
3. 完成任务所需具体工作清单:保障作战地域安全;
4. 工作集合:执行行动过程;
5. 工作集合:管理信息和数据;
6. 工作集合:为作战地域提供后勤保障;
7. 工作集合:指导战区接收、中间整备、前进、整合;
8. 工作集合:提供人力资源保障;
9. 工作集合:对财务单位提供资助;
10. 工作集合:执行基地安全行动。

第二节　指挥官与参谋机构

战区保障司令部指挥官与参谋机构负责战区保障的筹划与指挥控制,以指挥官为核心各司其职、密切配合,确保保障活动顺利实施。

一、指挥官

战区保障司令部指挥官负责创建积极的指挥环境,为保障活动做好准备,对司令部实施指挥,并不断评估其工作成效。行动中,指挥官通过掌握、构想、阐述和指挥所属力量与机构,推进保障行动;通过不间断的评估和下级的实际情况构想行动的性质与样式;根据时间、空间、资源、目的和行动,说明保障行动,运用作战意图、指挥官关键信息需求、任务式命令来指导计划、准备和实施;部署任务式指挥系统(人员、机构、技术手段、资源和程序的组合),配置资源与指挥行动。

为有效执行保障,战区保障司令部指挥官必须完全掌握战区作战任务、当前与未来的行动、支援的优先顺序等关键信息。当战区作战范围包括多个联合作战区域时,战区保障司令部指挥官必须完全掌握每个作战区域的特点,根据作战行动环境做好准备,下达命令,部署下属机构,包括使用多个远征保障司令部、保障旅、战斗保障支援营和各个单位的组合。

(一)指挥官关键信息需求

指挥官利用指挥官关键信息需求收集所需战场信息,以保障重要决策。指挥官关键信息需求,有助于指挥官计划与行动选择过程中决策的正确合理。在准备和执行阶段,优先满足指挥官掌控态势的需求,以做出符合战场实际的明智决策。

(二)任务式命令

指挥官利用任务式命令对战区保障活动进行指挥。任务式命令是下级必须完成的指令,通常明确完成结果,而不强调完成方法。任务式命令需要下级指挥官了解战场态势,熟悉上级任务、行动方案、意图,准确理解本级任务,并付诸实施。上级指挥官意图与作战方案对保障行动进行指导,同时,允许下级指挥官在计划、准备、实施部署和保障行动中保持主动。

(三)副指挥官

副指挥官是指挥官指挥保障行动的助手,其任务、职责和权限根据指挥官需求、保障任务、行动范围和复杂性来确定。当指挥官职位暂时空缺、接替指挥、指挥官授权、对前方地域保障行动实施任务式指挥时,副指挥官在战区保障活动中承担重要职责。

当指挥官暂时空缺时,将按照指挥官明确授权,或者按照标准作战程序,由副指挥官担负包括指挥职责在内的指挥官各项职责。副指挥官必须实时了解情况,以便能在任何时间承担指挥职责。行动中,指挥官需要将其构想和意图变化及时告知副指挥官,参谋长应及时将参谋行动报告副指挥官。通常情况下,保障司令部指挥官授权副指挥官,以指挥官身份在特定的关心和责任地域行动。通过充分发挥副指挥官职能,指挥官职责负担得以减轻,能够专注于特定领域,提升保障活动质效。

（四）军士长

军士长是司令部高级军士,负责为指挥官提供有关士兵与军士事务、人事、专业、技术等方面的咨询建议,其任务和职责根据指挥官的特定意图而定。通常情况下,其基本职责是为指挥官与参谋人员提供有关人事方面的意见建议。

（五）参谋职能

参谋可为指挥官提供相关信息,协助指挥官精确掌握战场态势。对态势的掌握促使指挥官及时做出明智决策,促使参谋依据指挥官意图,对保障行动进行快速同步与整合。

各参谋部门通过处理信息、利用决策支援工具、进行对比分析,快速将信息转化成知识,形成态势感知,共享通用作战态势图。参谋对战区保障通用作战态势图进行管理,确保满足整个战区的后勤需求,确保作战指挥官在联合地面行动中取得最终胜利。在支援行动范围内,各部门通过完成后勤管理任务,以保障战区行动。

二、参谋机构

战区保障司令部由三种参谋机构组成（见图1-1）：人事参谋、特业参谋和协调参谋。

人事参谋包括指挥军士长、侍从参谋、总监察长、军法参谋、牧师、公共事务官和军医。特业参谋包括参谋长秘书等,是战区保障司令部指挥官与参谋人员,提供技术咨询与计划协助。协调参谋包括人事参谋、情报参谋、作战参谋、后勤参谋、民事参谋、通信参谋、财务参谋等,负责在各自领域制订计划与政策,并为下属司令部及单位提供指导,确定保障优先等级和配送顺序。

（一）参谋长

战区保障司令部参谋长,是指挥官对除指定直接向指挥官汇报的参谋之外的特业参谋和协调参谋进行指挥、协调、监督、训练的主要助理。战区保障司令部指挥官授权参谋长必要的行政管理权限,使其能够自由支配常规指挥行动的资源。参谋长负责参谋人员与指挥官间相关数据、信息和意见的传递。参谋长与参谋人员、必要的下级指挥官进行沟通,传达指挥官意图。战区保障司令部参谋长的职责通常包括指挥协调参谋及特业参谋,确保参谋人员对上下级(上级司令部、下属单位)、同级(相邻单位)的内部行动进行整合、协调。

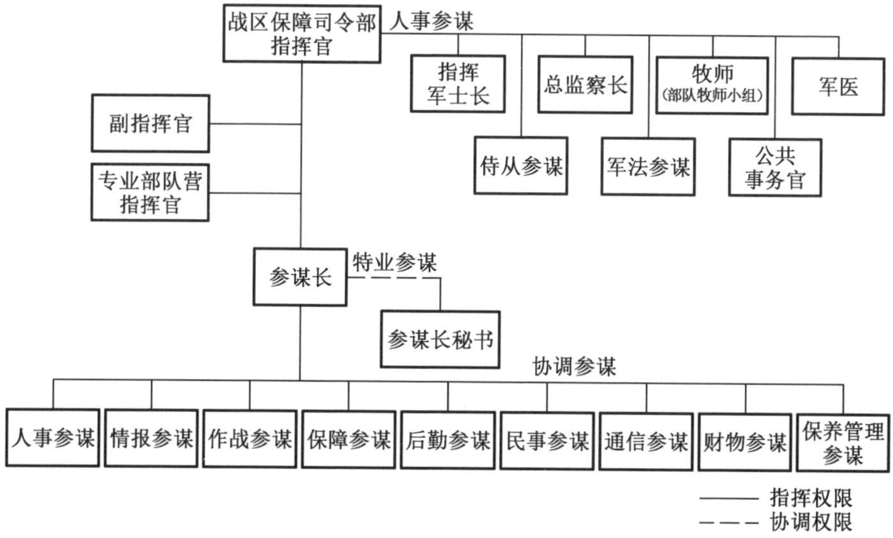

图1-1　战区保障司令部参谋机构

(二)人事参谋

人事参谋直接受指挥官指挥,能够直接接触战区保障司令部指挥官。战区保障司令部指挥官为人事参谋制定指导方针或者给予具体指导,以便其能够与参谋长或者其他参谋人员对相关问题进行交流和协调。人事参谋通常包括侍从参谋、牧师、公共事务官、总监察长、军法参谋等。

1.侍从参谋

侍从参谋担任指挥官的人事助理,负责指挥官的健康和安全,使得指挥官无须顾及琐碎、耗时的事务。侍从参谋监督其他人事参谋,如秘书、助理和驾驶员等,并协调礼仪活动。

2.牧师

牧师为指挥官提供有关宗教、士气、道德和伦理问题的咨询服务,负责实施并监督指挥官宗教计划。为配合军政部门行动,牧师针对保障司令部作战区域内固有宗教团体的影响,为指挥官和参谋人员提供咨询。

3. 公共事务官

公共事务官是人事参谋之一,负责围绕所有公共事务,为指挥官及参谋人员提供咨询。公共事务官是战区保障司令部的发言人,为战区保障司令部制定公共事务政策、计划、补充文件和指导。同时,公共事务官对国防部媒体、战地媒体、国家媒体、国际媒体和本地媒体等的需求进行协调、监督。

4. 总监察长

总监察长围绕司令部整体福利、风气和纪律,向指挥官提供咨询。总监察长通过教学训练、监察、协助、调查四项职能,为指挥官和司令部服务,以便加强司令部的纪律,提升战备和作战能力。按照指挥官指示,总监察长也担负进行调查与研究的职责。

5. 军法参谋

军法参谋直接与指挥官沟通,围绕影响司令部风气、秩序、纪律等方面的问题,提供法律咨询,对司令部的法律服务进行监督。

军法参谋作为军法署署长的战地代表,就司令部军法署人事和法律服务,进行全面的技术监督,包括筹划法律保障、申请资源、执行与评估训练、指派并发展专业的军法署人员到司令部。同时,军法参谋也可通过法律技术渠道,与军法署署长和其他军法监督人员沟通。

(三) 特业参谋

特业参谋在其专业或者技术领域,对战区保障司令部指挥官与参谋人员进行协助。指挥官将每项特业参谋的职能,指派到具体协调参谋。虽然特业参谋不是协调参谋部门的组成部分,但他们通常拥有共同的利益,需要保持习惯性联系。作战中,协调参谋也可能担负协调特业参谋行动的职责。参谋长对专业部队指挥官与参谋长秘书负有协调参谋的职责。

1. 参谋长秘书

参谋长秘书担任参谋长的执行官。除共同的参谋职责外,参谋长秘书对由指挥官、副指挥官或者参谋长主持的会议进行计划和监督。同时,参谋长秘书负责对到访司令部贵宾的相关活动进行指挥协调。

2. 军医

军医负责战区保障司令部医疗和健康威胁方面,向指挥官提供咨询,针对医疗勤务保障与部队健康防护、军医与陆军健康保障等方面进行协调。实施保障过程中,军医负责确保行动计划和行动指令顺利执行,以及所有陆军健康保障职能。同时,战区保障司令部军医也与陆军军种部队司令部军医、医疗司令部部署支援指挥官保持技术联系,为战区提供医疗政策咨询。

战区保障司令部军医医疗勤务保障职责主要包括:开发并协调陆军健康保障行动计划中医疗勤务保障部分,以支撑战区保障司令部指挥官的决策、指导规划和保障意图;确定医疗工作需求;围绕非本国部队人员的护理资格政策,向战区保障司令部指挥官提供咨询;通过与友邻、上级或者下属司令部,进行现行医疗勤务保障信息协作,与其他职能单位与军种部队司令部军医进行协作,以保持对战场态势的掌握;为保障战区保障司令部单位满足所有医疗勤务保障任务需求,推荐医疗单位;对医疗人员工作强度及其使用情况进行监督;协调并同步医疗咨询服务;评估并解读医疗统计数据;为战区保障司令部人员监控伤病员后送调度进行跟踪;确定战区保障司令部急救训练需求,并维持司令部医疗状况;按照陆军条例与野战手册,确保分配到战区保障司令部的每位士兵的野战医疗记录保存于其主要医疗机构处;确保在开出临床试用新药之前,签署个人知情同意书;确保制订并实施重大伤亡事件的管理计划。

战区保障司令部军医部队健康防护职责主要包括:掌握与医疗相关的潜在指挥官关键信息需求(优先情报需求和友军信息需求);就食品安全、动物护理和兽医预防药品,协调兽医保障;计划并实施部队健康防护行动,以应对健康威胁;围绕需要进一步研究与发展的医疗问题,向上级司令部提报建议;通过与同级、上级或者下属司令部,就现行部队健康防护信息进行协调,以保持对战场态势的掌握。

在军医健康防护诸多职责中,部队健康防护行动至关重要,主要包括:计划并完成部署前后的医疗评估;建立并实施医疗监管方案;制定并实施职业环境医疗监管方案;就战斗、战役强度控制、行为健康和药物滥用控制方案提供建议;确保健康威胁与医疗情报因素纳入陆军健康保障行动计划与指令;围绕免疫接种、化学预防、防晒预防等化、生、放、核防护方面,向指挥官提供咨询;确定健康威胁与医疗相关的指挥官关键信息需求。

(四)协调参谋

1. 副参谋长

负责保障行动的副参谋长关注战区准备、战区配送和战区保障行动详细计划,按照陆军军种部队司令部、战区作战司令部的优先等级和意图,对部队进行保障。参谋部门负责对供应、维修、危险废料管理、野战勤务、运输和保障部队的行动控制活动进行监督。该部门对进出战区和战区内的单位运输、机动与供应进行整合,通过配送管理中心、军民关系行动部门和东道国支援部门提供支援。配送管理中心由六个下属部门构成:综合配送部门、补给部门、物资准备部门、军火部门、机动部门、自动记录部门。医疗供应和陆军特种作战部队保障部队增援,建立在对任务、敌情、地形和天候、可用兵力与支援、可用时间及民事考虑的基础上。

战区保障司令部保障行动职能:在军事行动范围内,将指挥官的行动优先等级转变为保障行动的优先等级;按照陆军军种部队司令部指示,制定战区保障行动方案;为保障司令部行动计划、行动指令,准备补充文件;建立战略与联合对接,促进工作的同步与集成;负责评估并监控战备状态;核实受保障部队的整体需求;计划并协调供应、燃料、弹药、运输、维修、野战勤务和行动合同保障;对与保障当前和未来行动相关的政策与指令的实施进行协调、监督;平衡能力需求;越级协调后勤资源,对任务提供保障;监督战区储备;对监督人力资源保障中心计划、协调和执行提供参谋监督,以加快对军邮、伤亡、接收、休假与休养、替换和重返工作岗位等行动的整合与同步;与其他机构合作,如工兵部队,以制订危险物品、废料的控制计划。

配送管理中心的主要职能:制订配送计划;同战区联合部署与配送中心建立直接联系;维持与上级、下级、联合和多国司令部的联系;利用所有可用手段,建立并维持通用作战态势图,使战略、行动、战术能力最大化;通过有效利用维修资源,使战备完好性最大化;管理空运、陆运、海运资产和共用陆地运输保障等运输各方面;管理并协调多式联运集装箱使用的各方面;监督途中可视系统的运行;提供装备管理;协调并监督合同和东道国保障需求。

配送管理中心综合配送部门负责计划、建立和维持战区配送系统中的陆军部分,包括:可视性、容量管理、系统行动控制;检验现行的保障行动,确保后勤及人事勤务,以满足受保障指挥官的预期需求;执行由陆军军种部队司令部建立的战区保障优先等级,保障作战指挥官;监督并促进单位部署、再部署,以及接收、中间整备、前进、整合行动;保持态势感知;将受保障指挥官需求与配送能力进行同步,跟踪商品直到最终目的地;监控途中可视系统行动。

配送管理中心补给部门的主要职能:根据陆军军种部队司令部、战区作战司令部保障的优先等级,指导战区储备的接收、储存和分发;按照供应适用等级,建立并管理军队、战区自动化数据处理勤务中心参数;实行给养、被装、油料、工程、弹药、生活用品、武器装备、水和野战勤务行动(空投、丧葬事务、淋浴、洗衣及洗浴)的战区管理;作为促进执行者与问题解决者,处理全部所管物资的问题;与分配综合部门和机动部门协作,协调所管物资配送状态;将需求下达到国家库存控制站;核实本地采购需求;为战区提供现有可视性,推荐主要终端物资分发的优先等级;为战区协调修理用零部件物资;针对地面与航空修理用零部件,推荐跨级协调建议;确认并追踪器材老化问题。

配送管理中心物资准备部门的主要职能:对车辆设备、战术轮式车辆、一般用途车辆、施工设备、装备输运设备、电子维修和航空维修,进行综合性装备管理;协调维修政策与方案制定;对保障维修行动和陆军军种部队司令部、战区作战司令部确定的优先等级,进行参谋监督;就战备状态,向战区保障司令部提供咨询;对维修资产正确定位提供协助;对维修能力与需求进行分析,向指挥官提出建议;提供维修数据与报告;对设备现代化计划执行进行监督;对测试、测量与诊断行动进行监督,包括在战区校准管理行动等;对航空维修行动进行参谋监督;对战区航空设备的跨级保障提供协助。

配送管理中心军火部门的主要职能:对战区所有弹药物资,保持库存控制可视性;建立及管理弹药物资军队、战区自动化数据处理勤务中心参数;监督储存目标要求,建立强制性储存标准,核实部队基本负荷;就弹药物资状态,向保障司令部指挥官和参谋提供咨询,协调可用和在途库存的军火行动;就不同作战行动的可控供应率,向陆军军种司令部作战参谋提供建议;协调军火的特殊运输及空投需求;通过额外行动和要求,应对统计分析及管理需求。

配送管理中心机动部门的主要职能:对行动提供指导、计划、政策和参谋监督;与供应和配送综合部门协作,对所有物资、乘客和部队调动(接收、中间整备、前进、整合、再部署和倒流)进行配送管理;为战区行动计划提供主要投入;担负行动控制职能的执行机构,对机动控制营执行行动方案的开发和实施,进行监督;为战略部署、保障和再部署提供任务计划;对与规划、协调和评估运输、行动控制和后勤保障全部方法相关的运输信息进行管理;制定战区公路法规,以及交通运行、操控和机动保障行动计划;对除进出战区及战区内通过管道运输的三级散装货物之外的人员和物资进行补充模式行动活动管理;管理本国及东道国共同用户运输资产;作为集装箱、平板箱及空运托盘管理的执行机构;全方位协调多式联运集装箱的使用;集装箱运行管理,包括按照优先等级,对从国际标准组织运输集装箱、空运交付平台及平架集装箱到配送系统的回撤行动进行同步保障;为缔约资产,与东道国保持战区级联系;优先执行陆军军种部队司令部及受保障作战指挥官制定的空中运输的优先等级;优先执行陆军军种部队司令部及受保障作战指挥官制定的陆路运输(包括陆上及铁路运输);优先执行陆军军种部队司令部及受保障作战指挥官制定的海路运输(包括海上及内陆水道运输);优化战区内的多重模式配送。

配送管理中心自动记录部门的主要职能:与副参谋长、通信参谋协作,制定后勤信息系统自动化政策,并对所有下属机构保障自动化管理办公室提供指导;作为所有的后勤信息系统赋能因素(能使部队符合各种等级作战行动要求的系统及能力)的中心,为所有的后勤信息系统赋能因素提供保障。主要包括:

作战勤务保障自动信息系统接口、超小孔径终端、自动识别技术及无线电频率途中可视性设备等;计划、建立并维修超小孔径终端、作战勤务保障自动信息系统接口,以及域名管理;为战区保障司令部所有单位及其用户提供通用技术、职能服务,以建立并保持自动连接,数据传输准确性和软件管理;充当所有新后勤信息系统列装、软件变更、工程师提议变更及其他需要在机构之间进行协调的行动指导中心;对后勤信息系统的软件和应用更新进行控制;为所有用户单位提供后勤信息系统保障;确保所有的后勤信息系统处于现有系统变化程序包之中;为用户单位提供后勤信息系统培训。

2. 人事参谋

人事参谋为保障司令部指定或下属单位,对人力资源保障进行监控、指挥和评估。参谋部门为下属单位人事管理参谋部门提供人力资源咨询与协助,监控战区保障司令部的人员战备状态,实施人力资源政策,指挥人力资源系统,为指挥官和士兵提供保障。围绕战区保障司令部人员战备状态,向指挥官进行分析并提供咨询。人事参谋负责制定、维持、管理司令部的人事分配方案;对其分配人员负责,汇报所指挥单位兵力;收集、总结、分析信息,为人员准备估算、计划替换需求提供依据,并建议替换优先等级;对战区保障司令部人事网系进行同步,确保行动达到指挥官所要求的最终状态。

人事参谋部门由三个部门组成:人员统计与兵力汇报部门(人员战备管理、人事信息管理)、计划与行动部门、人事勤务部门。

人事参谋人员统计与兵力汇报部门的主要职能:为司令部提供人员配备;跟踪司令部人员战备状态;为司令部协调人员战备管理和人事信息管理需求;监控和分析兵力日报表;为司令部实施并管理兵力日报表;监控保障司令部具体接收、替换、重返岗位、休假与休养、重新部署行动。

人事参谋计划与行动部门的主要职能:为保障司令部准备具体人力资源计划、补充文件和估算;监督保障司令部指定或下属单位影响当前与未来的人力资源行动;确定战区准备的人力资源需求;实施保障司令部的后撤伤员行动;为保障司令部指定或下属单位执行并管理军邮、士气、福利和娱乐活动。

人事参谋人事勤务部门的主要职能:为战区保障司令部提供必要的人事勤务;为司令部制定人力资源政策;为司令部的人事支援提供技术监督。

3. 情报参谋

情报参谋为指挥官提供当前行动与未来计划的相关情报。情报参谋负责对全源情报的规划、搜集、评估、融合、分析、生成和分发进行指导、监督、协调;围绕安全和部队防护,提供反情报联络;按照要求协调外部情报、气象、海洋气候和地形保障;协助警戒部队、轮换部队开展情报训练和战备,并对敏感的隔离信息进行监管。

情报参谋部门由单一部门组成,其主要职能:为战区保障司令部行动计划、指令提供情报信息;实施战场情报准备;为支撑所有保障司令部任务,进行情报分析;为指挥官提供情报需求的优先等级;对敏感隔离信息的接收、传播和储存进行监管;管理司令部安全计划;对战区保障司令部总部,所有机密的通信安全项目的军用财产登记进行管理;围绕对友军和敌军行动的地形影响,提供地形可视化任务文件夹;提供专业地图,并保留电子地形数据库。

4.作战参谋

作战参谋负责为指挥机构、指挥行动和指挥职能,准备充分的计划指导、政策和方案,主要负责计划、行动、安全、部队发展、部队防护,以及反化学、生物、放射性、核和高当量爆炸活动。

作战参谋部门由三个部门组成:当前行动部门、未来行动部门和部队发展部门。

当前行动部门,按照当前指令和指挥官意图,通过监控与评估当前形势,协助保障司令部与下级指挥官控制部队、协调作战。主要职能:提供中期计划,发展各部门、制定预警指令、行动指令和简令,以保障执行行动的当前阶段;在规划未来行动中,协助指挥官与下级指挥官;为未来的作战行动计划,同步并协调作战职能;为战区保障司令部管理全球军事力量,包括内部和外部领域对部队的需求;管理全球军事力量部署指令,针对危机行动规划,修改行动计划和行动指令;负责行动的中期规划与评估;监控与评估当前形势;维持战区保障司令部指定单位、下属单位和行动控制的战备状态;核实并发布行政与后勤的计划和指令、行动计划和行动指令;协调下属司令部、单位的替换;协调、指定设施和区域;提高、协调和监控基地与基地群的安全;与支援机动加强旅,协调区域毁伤控制行动;实施后果管理计划;围绕所有与化学、生物、放射性、核和高当量爆炸活动有关问题,向指挥官与参谋人员提供咨询;制订、协调、实施和监控司令部训练计划。

未来行动部门,通常情况下,按照当前形势,在特定计划窗口期,修改并改进计划与指令,发展各部门并评估中期行动进展。主要职能:提供中期计划,发展各部门,制定预警指令、行动指令和简令,以保障执行行动的当前阶段;协助指挥官和下级指挥官,规划未来行动;就未来作战行动计划,同步并协调作战职能;为保障司令部对全球部队管理程序进行管理,包括内部与外部部队需求;管理全球部队部署指令,针对危机行动规划,修改行动计划和行动指令;负责中期计划与行动评估。

部队发展部门,负责部队统计、部队现代化、人力分配、人力使用和战区保障司令部与下属单位的需求。主要职能:与保障司令部后勤参谋合作,为战区保障司令部协调成套装备部署列装、新装备训练和新装备列装。

5. 后勤参谋

后勤参谋为司令部下属单位的供给、运输、维修、野战勤务和设施,提供开发、协调、计划、监视、政策、程序和方案。后勤参谋决定下属单位的后勤需求,监控下属单位的后勤状态,并且按照指挥官的优先等级和意图,建立保障优先等级;对下属单位的野外膳食和给养,提供参谋监督,监控并分析下属部队的装备战备状态;负责司令部固定设施的计划和管理,并对工程、公用设施和不动产进行协调。后勤参谋部门由后勤保障部门和工程保障部门两个部门组成。

后勤保障部门的主要职能:负责内部的后勤战备,向司令部汇报所有级别的供应情况;为战区保障司令部下属单位的供应、维修、运输和野战勤务等后勤保障活动提供参谋监督和协调;为保障司令部的食品服务计划和给养行动,提供技术参谋监督;制订关于接收、储存和给养配送的计划、政策和程序;对下属食品服务区的给养储存与配送点,进行协助、检查。

工程保障部门的主要职能:确定保障司令部单位的工程需求,协调工程保障;负责对不动产和设施需求进行计划与协调,负责确定战区保障司令部工程项目的需求;与战区工程司令部或者战区内高级工程司令部协调,提供工程保障;监督环境问题。

6. 民事参谋

民事参谋是战区保障司令部负责制订和规划长期计划蓝图的主要参谋军官,计划包括准备、协调、授权、发布及配送在内的战区保障司令部的行动方案,同时对陆军军种部队司令部和总司令部计划进行任务分析,对远征保障司令部保障计划的任务分析进行审核。其主要职能:为应急行动开发行动计划及行动指令;监督战略形势;评估行动环境;确保战略计划与被保障陆军军种部队司令部和联合部队司令部整合;执行任务分析支撑长期计划;开发及协调行动过程;准备运行估算;为多国支援能力制订整合计划;决定战区保障基地的数量及位置;开发计划,控制危险物资、废料。

7. 通信参谋

通信参谋负责对司令部任务式指挥网的整合与管理进行保障,以确保与陆军特种作战部队、其他联合作战力量、机构之间,以及多国网络之间的协作。在保障行动中,负责按照要求对信号操作指令进行管理、实施和分配。通信参谋部门由计划行动和信息管理两个部门构成,负责对司令部内,陆军军种部队司令部通信安全政策和指导的实施进行同步、协调;为司令部新型通信和信息技术系统列装活动提供参谋监督;为司令部提供信息管理,建立信息管理服务平台。

计划行动部门,负责对网络计划、网络行动和信息安全提供指导与监督,以保障司令部行动。计划行动部门由三个部门组成:计划部门、行动部门和信息安全部门。计划部门负责对保障司令部任务式指挥控制网进行计划、建设和整合,对所有新勤务需求和信息系统需求进行核实;行动部门负责对网络技术和改装进行控制,协调战区通信司令部和战区网络行动与安全中心,确保保障司令部与联合力量、多国网络互通;信息安全部门负责设计、建设、审核建筑物,保障战区任务式指挥需求,对国防部战区级信息安全脆弱性评估的实施进行监督。

信息管理部门,负责为整个战区保障司令部提供信息管理保障。信息管理部门由通信系统保障部门和信息勤务保障部门组成。通信系统保障部门负责为司令部安装并保留任务式指挥设备,为司令部提供安全电话项目专业知识及管理;信息勤务保障部门负责为通信参谋提供所有的行政保障,向司令部提供正式邮件和配送服务。

8. 财务参谋

财务参谋负责对战区保障司令部指定或者下属单位,进行准备、资源管理分析并推进预算实施;负责对司令部预算评估和计划目标备忘录进行开发、同步、评估、防护;建立、控制和审计所有财物管理系统;就规划预算、财会、成本分析和管理实践,向司令部提供咨询。主要职能:就财务管理影响、行动筹备成本和行动执行成本,向指挥官提供咨询;协调支援行动,为合同规定的能力所需的行动进行资助;为保障行动计划、行动指令,准备财务管理补充文件;准备应急成本估算;为中期计划提供政策和财务指导;确定职责,并对管理的内部控制方案执行进行监督;通过确定资金类别和资助来源,协调并同步资源需求识别与执行方法;估算、追踪并报告特定行动,以对美国国会拨款的需求提供保障;确定并管理直接费用的可用资金;提供计划、规划和预算保障,提供预算分析、管理服务和军队管理保障;通过标准财会系统,以及支付给个人和供应商的运行系统管理,确定行动成本;追踪并汇报战场行动成本,对最初由用于训练和战备资金支付的费用赔偿金进行保障;获得关于资金引用和资助级别的指导,并将其提供至战术财物经理及保障财物单位;进行资金控制、监督资金执行、追踪并报告成本与债务;进行分析、计划、管理,对有关人力、财政、财务、装备及其他的国防部资源进行控制;建立财政保障可分配总量,设置直接资源限制;为计划目标备忘录提供投入;准备预算计划,按照计划预算决策调整预算;按照已有政策,核算国防部不动产、设备、供给、人事、其他资产和资金。

(五)专业部队营

专业部队营为保障司令部指定或者下属单位提供任务式指挥。专业部队营指挥官负责专业部队营士兵,以及指定到保障司令部、而非指定到或者隶属于下属司令部的士兵的指挥、控制及协调任务。专业部队营指挥官同样负责独立连级别及以下指定到或者隶属保障司令部的单位。专业部队营指挥官对指定到或者隶属保障司令部的人员、后勤及保障需求进行监督。除常规职责外,专业部队营指挥官也负责为其他任务建立部署保障司令部战术行动中心,并为本地司令部提供安全保障。

第三节 计 划 周 期

在指挥官没有准备的情况下,在计划周期与有效行动之间,存在着一种天然的紧张关系。计划周期过长,可能会超出计划参谋的能力,尤其是下级参谋;计划周期过短,可能会失去主动性,无法做到充分准备。理解此种紧张关系有助于确保司令部维持恰当的计划周期。

通常情况下,计划周期是战区保障司令部指挥官,致力于参谋机构计划、展望未来工作时所使用的时间。衡量战区保障司令部的计划周期,战役级通常是数周或数月,战术级通常是数小时或数日。

为指导计划工作,战区保障司令部经常同时计划三种不同周期:短期、中期和长期。(远征保障司令部指挥官通常使用两种计划周期——短期和中期,因为远征保障司令部还未具备执行长期计划的资源。)

图1-2提供了一种预见计划周期的方法。指挥官关注下级计划工作所使用的变量是确定的。相对确定性为指挥官和参谋人员提供了方法,可为行动、分配的资源和特别计划的执行确立概念基础。通常,事件的周期越长,确定性越低。在确定性低的情况下,指挥官根据不同的可能性制订计划。资源虽然已进行规划,但并未付诸某些特殊的行动过程或计划。

一、短期计划

短期计划致力于相对确定的情况。短期计划致力于近期,通常是几小时或者几天。当战区保障司令部、远征保障司令部指挥官认为他们可以合理地预见事件、分配资源,或者致力于某特定计划时,制订短期计划。短期计划对行动必要的物质准备进行指导,如行动所需的中间整备供应、特混编组和后勤资源定位。短期计划可能涉及所有作战人员代表,或者只包括选中的参谋人员和指挥官,取决于问题的复杂性和可用时间。短期计划形成行动指令或者个别命令。

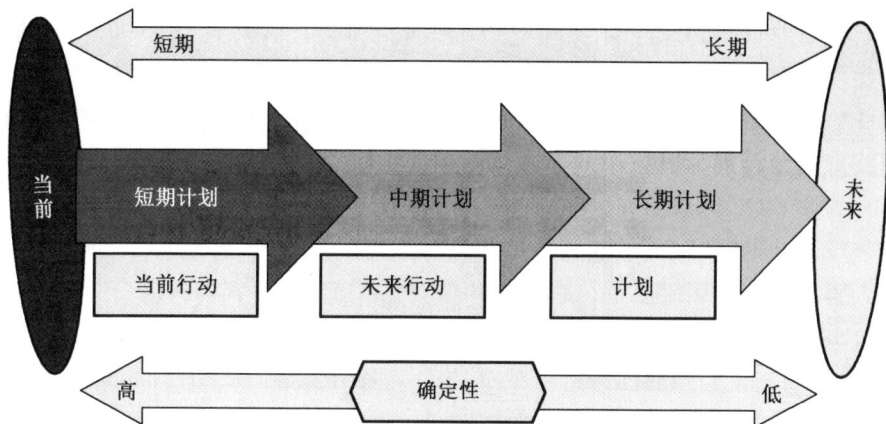

图1-2 计划周期

二、中期计划

在事件较具确定性的情况下,可采用中期计划。当战区保障司令部、远征保障司令部指挥官拟订出几种不同可能性的计划,但还未提交给机构使用时,可制订中期计划。在已制订单位和资源计划,但没有具体实施的情况下,中期计划的重点通常在于发展和完善分支计划。(中期计划在现阶段解决突发事件,按照行动类型,其计划周期可能会达到数日、数周或数月。)

三、长期计划

超出中期计划周期,由于形势不确定,无法计划具体的突发事件,战区保障司令部指挥官可制订长期计划,以应对不同情况。长期计划使得指挥官能够快速灵活地应对各种情况。长期计划在较远未来不同的场景下,以方案形式开发行动计划。

战区保障司令部按照确定性程度,规定计划职责。图1-3对战区保障司令部计划及行动同步化的本质进行描述。

指挥官和参谋长
优先计划工作并进行指挥与指导

长期	中期	短期
• 开发初始行动计划、行动命令 • 后续阶段的计划（序列） • 以方案的形式开发部门计划 • 评估行动长期进展	• 完善并修改行动计划、行动指令 　（基于当前态势） • 开发部门计划 • 评估行动长期进展	• 发布行动指令、个别指令和预警指令 • 监督、评估、指挥并控制指令执行 • 实施有限的短期计划 • 实施行动更新及评估简令
下一步	假设	是什么
行动计划/ 行动命令	行动计划/ 行动指令/ 个别指令	行动命令/ 个别命令 预警命令
◀ 过渡	◀ 过渡	◀ 执行
◀ 月一周 ▶	◀ 周一天 ▶	◀ 天一小时 ▶

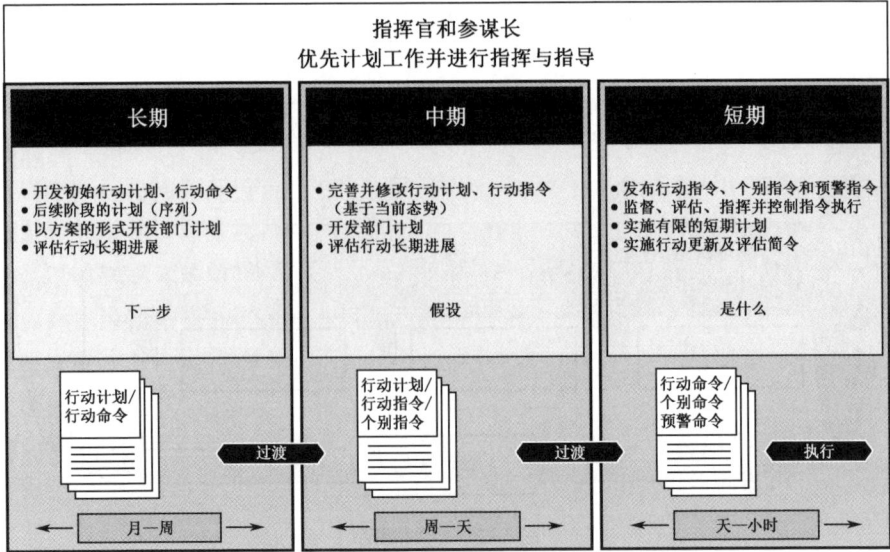

图 1-3　战区保障司令部计划及行动同步化

第二章　国外陆军远征保障司令部

国外陆军远征保障司令部负责对联合作战区域或者指定作战区域提供保障。在设计上,与战区保障司令部相比,远征保障司令部在行动规模和范围上有所限制。根据战区保障司令部的计划、政策、方案及任务指导,远征保障司令部的部署作战能力可提供任务区域全范围保障。

第一节　职能与任务

在对联合特遣部队进行保障时,远征保障司令部对保障联合特遣部队的分散行动进行控制。远征保障司令部对战区保障司令部部队进行行动控制,精心协调后勤高效流通,为联合特遣部队部署力量,或者从联合特遣部队退出,重新部署其他单位;根据演习部队战斗节奏,同步战役级的多式联运配送行动。远征保障司令部与战区保障司令部配送管理中心保持多种方式的沟通,以对送至联合特遣部队和非远征保障司令部装备管理职能机构的战区内及站区间配送的高效协调产生促进作用。

按照战区保障司令部、陆军部队或者联合特遣部队规定,远征保障司令部对战区下属部队提供任务式指挥。远征保障司令部提供行动区域和控制范围。远征保障司令部计划并实施陆军部队的保障、配送、战区开设,以及接收、中间整备、前进行动。按照作战指挥官或其指定的联盟、联合特遣部队指挥官的指令,远征保障司令部可成为远征联合保障司令部的基础。当远征保障司令部充当远征联合保障司令部时,司令部人事和装备应从其他军种得到加强。

远征保障司令部的任务,是在多个保障旅得到部署或者当战区保障司令部决定下达前进命令时,为部署作战区域或联合作战区域提供任务式指挥。按照相应指令,军队、陆军部队或者联合特遣部队的任务式指挥可直接部署远征保障司令部。战区保障司令部直接与远征保障司令部及其保障信息系统协同,对作战区域或联合作战区域的保障行动进行监督。该能力为战区保障司令部指挥官提供必要的区域重点,为陆军或者联合特遣部队完成任务提供有效的战役级保障。战区保障司令部可在战区内部署多个远征保障司令部。

通过在受保障部队及其行动环境相对接近的地区设置远征保障司令部,前方部署增强了保障的灵活性和响应性。远征保障司令部位于最优位置,以对联合特遣部队行动区域和相应后勤部队的战区评估保障司令部后勤战备部分进行完善。

根据战区指挥结构,远征保障司令部可用于保障某个特殊的作战区域或联合作战区域的陆军特种部队,或者根据战区开启与战区配送能力保障其他远征保障司令部或保障旅。

在保障联合特遣部队方面,远征保障司令部的任务围绕物资配送和战备展开,较少提供供应,其目的在于通过敏捷的响应性联合作战区域保障,建立并保障联合特遣部队的战斗力。远征保障司令部通过对战区保障司令部用以保障联合特遣部队需求的计划和指令的有效同步和执行来达成目标;为指定作战区域或联合作战区域执行配送管理职责;当某特殊行动环境中未知事件突然发生时,需要建立与联合特遣部队密切协调及合作的指挥环境,以能够实施决定性行动。

战区保障司令部虽然与远征保障司令部的机构设置相似,但在能力上有所不同。战区保障司令部拥有区域和建制防御实验保障能力,以及民事参谋计划部门。

远征保障司令部致力于对战役级行动进行保障,以满足联合特遣部队或被保障部队日常和计划的行动需求。在某种程度上,远征保障司令部按照联合特遣部队的行动计划、指挥官意图、指挥官关键信息需求、行动节奏和配送系统能力,制订中期及短期计划来完成此类需求。

第二节　指挥官与参谋人员

远征保障司令部的参谋机构与战区保障司令部相似(见图2-1)。远征保障司令部的编制包括:人事参谋、特业参谋,以及由人事参谋、情报参谋、作战参谋、保障参谋、后勤参谋、通信参谋和财务参谋组成的协调参谋。除常规的参谋职能外,远征保障司令部参谋还需在各自的责任范围内制定政策及计划,为下属司令部和单位提供指导、优先等级和配置,以及检查对应参谋部门和其他下属单位的计划。

战区保障司令部与远征保障司令部在能力上的明显差异,主要取决于规模及职责范围。虽然两个机构在结构设计上相似,但远征保障司令部缺乏特殊保障职能,如试验防御能力及专业部队营。从职能范围来看,战区保障司令部从战区角度关注保障陆军军种部队司令部和联合要求,而远征保障司令部则是从战区局部区域、战区行动、作战区域或联合作战区域的角度关注保障陆军军种部队司令部和联合要求。远征保障司令部与战区保障司令部的能力差异还体现在长期计划及装备保障等方面。任务、敌情、地形和天候、可用兵力与支援、可用时间及民事考虑,决定了战区保障司令部部署任务式指挥和战区范围的保障行动所需远征保障司令部的数量。

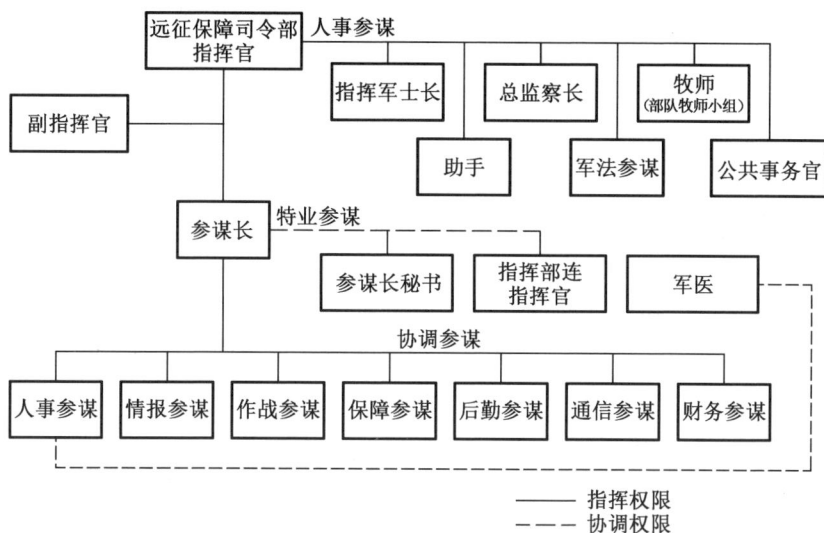

图 2-1　远征保障司令部参谋机构

一、指挥官

远征保障司令部指挥官的任务,在于建立积极的指挥环境,使司令部做好准备,开展行动,在行动中进行指挥,持续评估下属单位。远征保障司令部指挥官通过对下属单位运行的评估和投入,对行动性质和设计进行构想。远征保障司令部指挥官根据时间、空间、资源、目的和活动,对行动进行描述;通过部署意图、指挥官关键信息需求、任务式指挥,指导计划、准备和任务执行。指挥官指挥本部队完成集中计划制订和分散执行,确保作战区域、联合作战区域保障行动能够高效完成。

(一)指挥官关键信息需求

远征保障司令部指挥官利用指挥官关键信息需求,对其需要保障的重要任务信息进行收集。指挥官关键信息需求使指挥官能够在计划和行动选择过程中,做出明智决策。在准备及执行过程中,指挥官关键信息需求应将指挥官要求的信息与决策点相连。

(二) 任务式命令

远征保障司令部指挥官通过任务式命令进行指挥。任务式命令是必须完成的指令,对下属强调完成的结果,而不强调完成方法。任务式命令开启任务式指挥程序,是陆军执行任务式指挥的首选方法。战区保障司令部、远征保障司令部指挥官意图和行动方案为统一行动提供指导,并使下级指挥官能够在计划、准备及执行部署与保障行动中发挥主动性。任务式命令不仅强调下级的任务需求,而且强调需理解其任务的背景及目的。

远征保障司令部副指挥官是第二指挥官,仅次于远征保障司令部指挥官,其任务、职责和职权的变化,取决于指挥官需求、远征保障司令部任务和行动的广度及复杂性。在远征保障司令部中,副指挥官与参谋的关系是唯一的。

远征保障司令部副指挥官在指挥官暂时空缺、指挥更替、权限委托等情况下,可承担指挥职责。由于远征保障司令部副指挥官必须在任何时候都能进行指挥,因此,必须跟进形势:不仅指挥官应将自身构想或意图的任何变化告知副指挥官,参谋长也应将参谋行动告知副指挥官。

通常情况下,远征保障司令部指挥官授权副指挥官,以指挥官名义在特定利益和责任范围内行动,指挥官的职责负担得以减轻,使其更能专注于特定领域,而副指挥官则关注其他方面。

二、参谋人员

远征保障司令部参谋以可行方式为指挥官提供相关信息,协助指挥官精确掌握态势并进行决策。对态势的掌握能够使指挥官及时做出明智决策,使参谋按照指挥官的意图对行动进行快速同步与整合。远征保障司令部参谋有效、高效地同步保障职能,以保障统一地面行动。

每一个远征保障司令部参谋部门都需要通过处理信息、使用决策支持辅助工具和对比分析,快速将信息转化成知识,形成态势理解,为指挥官提供保障作战区域或联合作战区域的及时决策信息。

第三章 国外陆军战区保障司令部机构编制与行动环境

国外陆军战区保障司令部所属机构是组织实施保障行动的重要支撑，准确理解战区保障行动环境和作战指挥官意图对成功实施保障行动至关重要。了解行动环境使战区保障司令部指挥官能够高效地部署运用战区保障能力。

第一节 机 构 编 制

按照任务、敌情、地形和天候、可用兵力与支援、可用时间及民事考虑，战区保障司令部或远征保障司令部对下级任务式指挥关系及兵力配备进行决策。

一、行动控制营

行动控制营对于作战区域或联合作战区域的行动控制队进行任务式指挥。行动控制营指挥4~10支行动控制队，计划并规划行动，对战区保障司令部(远征保障司令部)负责，执行战区保障司令部行动方案，并运行战区运输系统。行动控制营提供运输资产可视性，协调共用运输资产，以及多式联运集装箱资产的使用。行动控制营为单位行动及护航行动提供途中可视性。

二、行动控制队

行动控制队隶属于行动控制营，对全部特定作战区域的行动控制营的行动职责进行分散执行。行动控制队可按照区域基础或在重要节点得到部署，以促进有效的行动控制。

三、石油管线和终点站业务营

石油管线和终点站业务营通常隶属于战区保障司令部。石油管线和终点站业务营负责部队石油配送系统的运营与维护。部队石油配送系统包括入境港口、管道、油罐区和战术海上终端。石油管线和终点站业务营的核心能力包括规划并指挥大宗石油产品通过多品种的军用管道，协调通过驳船、铁路及货车运输的大宗石油产品行动。石油管线和终点站业务营也负责实施品质保障计划,运行基地石油产品实验室。

四、石油供应营

石油供应营通常直属于战区保障司令部,或者直接配属于一个保障旅。石油供应营将特定作战区域管线系统和供应指挥单位进行连接,通过管道、铁路、货车,或者从石油管线和终点站业务营运行的终点站驳船,接收大宗石油。石油供应营也可从国防后勤机构、国防能源保障中心,以及商业源或合同商处接收运送。石油供应营直接保障供给单位接收、储存并转移大宗石油。石油供应营运行 5 000 或 7 000 加仑的油罐,可用轨道车辆或者驳船配送大宗燃料。如有需要,石油供应营也可提供大宗或者零售供给点配送。石油供应营为其特定行动区的石油储存及石油产品配送,提供技术及行动监督。

五、保障旅

保障旅为战区开启、战区配送和保障行动提供任务式指挥。战斗保障支援营是保障旅的主要组成部分,其司令部采用标准化设计,最多可包括 8 个连。战斗保障支援营进行模块化特混编组,担负保障战区开启、战区配送、地区保障及生命保障任务。按照战区保障司令部的计划、项目、政策和指令,保障旅装备管理工作集中于供应保障活动管理。保障旅也通过监督储存区,如大宗油料及弹药储存区,提供大宗装备供应管理。保障旅协调并控制供应职能,包括对战区内多余物资的再分配以满足战区保障司令部及其保障单位的行动需求,对储存记录和资产可视性部署实时态势感知,以提供灵活的响应性保障。

六、战区开启运输队

当保障旅受领早期进入任务并建立后勤基地命令时,战区开启运输队隶属于保障旅。战区开启运输队额外提供 55 个运输人员,使得保障旅作为海港操作员及配送管理者,拥有为保障旅行动区域建立初始地面配送系统的能力,并执行该职能。战区开启运输队为保障旅提供加强的参谋和必要的专业技术,以有效执行包括少量医疗勤务保障在内的战区开启任务,具有部署陆军军事力量的接收、中间整备、前进、整合的职能。战区开启运输队需协调、同步并清洁空运卸载港或海运卸载港等候区、集结区、待发区,人员和单位装备整合、生命保障,以及单位或战术装备区供应,配送中心的多模式前运单元。接收、中间整备、前进、整合等职能的执行需要与保障司令部指挥官、战区保障司令部、联合伙伴及东道国进行密切协同。战区开启运输队的其他职能有:评估并保证运用适当保障模式,以与装备配送需求整合;对所属、配属、合同及东道国运输车辆资产的使用和实施提供咨询;对作战区域全部运输车辆、空运及铁路运输资产的配置位置提供指导;对全部作战区域多模式运输资产状态,进行监督并维持,保证恰当的工作;对所属、配属、合同及东道国终点站业务及船只业务的使用和实施,提供咨询;提供终点站基础设施评估信息;对作战区域所有终点站业务及其定位,进行监督、协调,包括车辆、铁路、航空、海路和综合运输;对作战区域终点站资产状态进行监控、维修,保障其得到合理运用且不超负荷。按照战区保障司令部行动方案和保障部署、再部署行动,在部署—运用—保障中的某些阶段,战区开启运输队可隶属于远征保障司令部,以促进战区级行动。

七、战斗保障支援营

战斗保障支援营是战区保障司令部保障能力发展的基础,是为满足特定的任务要求而定制的保障分队。该营从兵力能力库中提取附属能力,主要包括运输、维修、弹药、供应、丧葬事务、空投、野战勤务、水和石油等方面。战斗保障支援营可为缺乏内部后勤保障能力的师和旅提供特殊类型的保障。在某特定作战区域,战斗保障支援营对除了少数医疗勤务保障外的保障行动进行计划、协调、同步、监督和控制,对本地区范围内或者经过本地区的单位提供保障。行动指令规定的支援保障关系,通常用以明确保障和被保障关系的细节,包括指定的保障优先等级。通常,战斗保障支援营及其下属单位与受保障机构之间,存在普遍的保障关系。在特定的情况下,在作战地域应当指定战斗保障支援营为军或者师提供直接保障。保障行动将会通过后勤参谋进行协调,以从上级单位接收战役级或战略级保障。

八、车辆运输营

车辆运输营隶属于战区保障司令部,通常配属于保障旅以执行战区配送任务。车辆运输营的核心能力包括车辆运输行动和终点站业务(少量海港运输)。车辆运输营可对3~7个车辆运输或者货物转运连实施任务式指挥。车辆运输营参谋负责将从保障旅接受的任务式命令转换成具体要求,对指定作战区域内的卡车终点站、拖车转运站和拖车接力等进行行动控制。

九、终点站运输营

终点站运输营隶属于战区保障司令部,通常配属于保障旅。终点站运输营的核心能力包括终点站及内陆水道行动。终点站业务包括卡车、铁路、空运和水运终点站业务。终点站运输营可对3~7个运输终点站业务或者船舶连实施任务式指挥。终点站运输营参谋负责将从保障旅接收的任务式命令转换成具体要求,使进出战区人员与物资得以高能、高效地流通。

十、军械(弹药)营

军械(弹药)营隶属于战区保障司令部,通常配属于保障旅。军械(弹药)营通常为在战役级战区储存区的模块弹药单元提供任务式指挥,也为除战区保障司令部保障行动配送管理中心弹药部门执行的库存管理职能外的下属单位的弹药业务提供技术监督。下属弹药单位接收国家层级弹药、保持战区储备、执行战役级重组和为战区前方储存区域配送弹药。

十一、财务管理中心

财务管理中心作为战区保障司令部参谋机构,对战区内所有陆军财务管理连及其分队进行技术协调。与战区保障司令部财务参谋和保障行动一致,财务管理中心主任是陆军军种部队司令部指挥官和陆军军种部队司令部财务参谋的首席顾问,就财务管理行动所有方面提供咨询。财务管理中心对战区所有陆军财务管理行动提供技术监督,主要包括:与东道国金融机构进行协商;就本地货币使用问题,为部队指挥官提供咨询;与国家供应方(美国财政部、国防财会局)和负责财务管理与审计的陆军助理指挥官和陆军财政司令部进行协作,建立财务管理保障要求。财务管理中心通过及时提供合同及采办费用、战区支出能力,保障陆军、联合力量及多国行动。财务管理中心的职能:对采办和本地货币使用进行计划、协调、整合和同步,以对机动指挥官的战役与战术计划进行保障,包括在执行人事事务过程中的本地货币使用问题,向部队指挥官提供咨询服务;根据陆军军种部队司令部负责财务管理副参谋长的要求,为战区制定财务管理政策与程序;根据战区保障司令部财务参谋和保障行动要求,准备财务管理补充文件,保障战区保障司令部计划和指令;对国家供应方制定的财务管理指令、政策和指导的解读及传达提供咨询建议;根据战区保障司令部财务参谋的要求,确定财务管理部队结构要求,并在财务管理部队兵力流动方面承担重要任务;执行并实施内部控制措施;对战区执行拨款与自筹经费进行核算;保留核算记录,对分配到被保障司令部的拨款及自筹经费状态进行汇报;搜集并报告自筹经费核算数据,支出自筹经费,准备自筹经费工具支出;为战区货币进行资助;根据跨军种和跨政府协议,与东道国及军事金融机构进行协调,以便为财务管理单位、其他军种部队及盟军部队提供资金;协调建立战区本地储蓄账户;根据战区网络供应商,建立并维持财务管理信息网络;对财务管理战术平台软硬件的更新与安装进行协调;强化相应系统安全措施,有效对抗计算机病毒,确保系统的完整性。

十二、人力资源保障中心

人力资源保障中心是战区保障司令部的参谋机构。人力资源保障中心为陆军军种部队司令部人事参谋提供战区级保障,促使战区保障司令部指挥官对战区人力资源保障进行计划、整合和执行。战区保障司令部是为战区人力资源保障提供政策、指挥和指导的陆军军种部队司令部人事参谋与人力资源保障中心之间的主要媒介。人力资源保障中心为军邮、伤亡事故、接收、替换、重返岗位、重新部署、休假和休养、人员问责,以及兵力报告等方面执行人力资源保障任务。人力资源保障中心在确保开发战区人力资源保障计划和在战区保障司令部可用资源保障等方面发挥重要作用。人力资源保障中心是人力资源机构执行军邮、接收、替换、重新部署、重返岗位、休假和休养,以及人员问责等保障职能方面的技术链接纽带。

人力资源保障中心是一个多职能、模块化的机构,根据陆军军种部队司令部人事参谋对军邮、伤亡事故、接收、替换、重返岗位、重新部署、休假和休养、人员问责,以及兵力报告核心能力规定的政策和优先等级,整合并确保整个战区的人力资源保障的执行。人力资源保障中心为战区保障司令部配送管理中心提供计划及行动技术保障。人力资源保障中心对保障旅和远征保障司令部人力资源行动部门、人力资源连及分队提供技术指导。根据部队数量、士兵保障、任务、敌情、地形和天候、可用兵力与支援、可用时间及民事考虑,人力资源保障中心制订灵活的、模块化的、可扩展的计划,使为人力资源保障中心主任推荐人力资源保障的能力增强。人力资源保障中心直接与战区保障司令部配送管理中心协调所需保障资源,具有保障军邮、伤亡事故、接收、替换、重返岗位、重新部署、休假和休养行动所需的能力,对任务成败起重要作用。

人力资源保障中心提供技术指导,并确保人力资源部门具有执行人员问责、军邮、接收、替换、重返岗位、重新部署、休假和休养,以及伤亡事故等的核心能力。人力资源部门包括战区门户团队、军事邮局终端、人力资源连(或排、队),以及保障旅和远征保障司令部的人力资源行动处。人力资源保障中心提供行动计划和当前与未来行动管理。人力资源保障中心与战区保障司令部与陆军军种部队司令部人事参谋的保障进行协同,确保军邮、接收、替换、重返岗位、重新部署、休假和休养,以及伤亡事故单位的连通性和资源保障;如有需要,可整合人事数据,并参与战区保障司令部配送管理过程。人力资源保障中心的职责包括:为陆军军种部队司令部人事参谋提供及时、准确、相关且一致的信息,助力决策过程;根据陆军军种部队司令部指挥官和战区保障司令部指挥官的要求,计划、协调、整合并执行人力资源保障;为下属人力资源处、人力资源连(排)提供技术指导与保障。在某些区域,保障人事参谋及人事管理参谋部门;根据陆军军种部队司令部人事参谋的要求,执行人员问责、数据访问、数据报告、数据分析、伤亡事故行动、军邮、接收、替换、重返岗位、重新部署、休假和休养等行动;建立部署战区的伤亡事故协助中心,并将其与人力资源司令部伤亡事故与丧葬事务行动中心进行连接;建立基础设施,对目前由部署战区问责制度保障的部署战区人事数据库进行保障;操作并保持部署战区问责制度数据库;与美国本土国家级军邮机构建立联系,如军事邮政局和联合军邮机构;通过战区保障司令部,向陆军军种部队司令部人事参谋提供政策建议,包括例行更新陆军军种部队司令部人事参谋人事政策指导,以反馈部署部队的需求。

第二节 行 动 环 境

在统一地面作战行动中,影响地面部队行动的因素有很多。由于行动环境时刻变化,后勤人员必须做好在各种环境中行动的准备。影响行动环境的因素包括:一个复杂的、不连续的战场,未明确规定边界;潜在敌人不易识别的威胁情景;同时发生的、在地理上分散的行动可能需要长距离通信;为了达到理想目标,增加机构和职能协作;处于一个协作或者相互依赖的联合环境中联合的或者单一的军种机构;联合、单一的军种和多国部队同跨政府机构、非政府机构和合同商的相互作用。行动环境是条件、形势和影响的综合体,该综合体会影响部署能力和指挥官决策。战区保障行动环境,主要由政治、军事、经济、社会、信息、基础设施、物理环境和时间等因素形成。对于政治、军事、经济、社会、信息、基础设施、物理环境和时间的分析,可提供相关必要信息,以理解各种特定行动环境。指挥官通过对情报的分析,进行任务分析,主要集中于任务、敌情、地形和天候、可用兵力与支援、可用时间及民事考虑等方面。

一、地理作战司令部

地理作战司令部指挥官对所有的部队行使作战司令部权限,完成分派到司令部的任务。作战司令部的权限不能委派或者转让。行动控制是作战司令部的固定职能,地理作战司令部可以在作战司令部内部委任。

地理作战司令部后勤部指挥官,负责制订后勤计划、政策,以及协调执行指挥官的政策与指导。地理作战司令部后勤部通过与陆军军种部队司令部和战区保障司令部沟通的优先等级,确定保障的优先等级。战区保障司令部,对责任范围内的联合后勤计划与执行进行控制,地理作战司令部必须在司令部作参谋部,尤其是联合作战司令部后勤部、其他部队组成单位和联合部队的地面部队的指挥官与参谋之间明确指挥关系。

战区保障司令部或远征保障司令部,控制责任范围内联合后勤计划与执行,在建立指挥关系与权限方面,战区保障司令部或远征保障司令部需要为地理作战司令部提供咨询。战区保障司令部或远征保障司令部指挥官,需要重点参考:任务、开展行动的陆地、空中、海洋或太空区域;战区保障司令部或远征保障司令部的能力;时间与距离因素;行动区域内的地理和物理基础设施;正确执行任务的计划要求,尤其是后勤计划与行动计划的结合。

地理作战司令部,在计划与执行联合后勤行动中应明确指挥关系,包括行动控制、战术控制或保障与被保障关系。一旦部队间的指挥关系确定,就必须做出决定,确保授予战区保障司令部或远征保障司令部恰当的权限,以履行联合职能,授权应包括执行后勤供给的可用指令权限和所需方法。

通过联合部署配送行动中心能力同步与整合,得以实现统一协作。地理作战司令部提供资源,在运输司令部、国防后勤机构、军种部队和其他国家伙伴的增援下,联合部署配送行动中心在战略部署、配送和战役级职能上,实现无缝过渡。联合部署配送行动中心最大化利用可用资源,以提高效率与效果。

为提高效率,消除冗余,地理作战司令部通过中期规划,分配主要军种共用后勤的职责。为了某项特别的共用供应物资或勤务,战区保障司令部通常将牵头军种职责分配给主要用户,或者更有能力的军种。多数情况下,在联合或多国部队内,共用后勤或其他保障的牵头军种是陆军。战区保障司令部协助后勤部门的规划者,即陆军军种部队司令部副参谋长,确认所有牵头军种、联合力量、多国及跨机构等力量的保障需求,使得稀有资源能够在部队间进行分配。战区保障司令部,同步陆军战区级司令部的保障职责和配送计划。

国防部长指定陆军作为执行机构,处理国防部众多通用保障需求。国防部选择执行机构的要求与牵头军种的职责相关,但并不完全一致。执行机构是指按照国防部长和某军种部队的指令及说明,对其他军种部队提供特定范畴的保障机构。执行机构可有效缓解国防部机构庞杂的情况,协助军种部队进行规划、计划和预算。"执行机构"术语不是指所有的保障地理作战司令部的陆军军种部队司令部(或战区保障司令部),而是在特定的联合作战行动中,需要指定牵头军种的职责时,必须考虑军种部队的执行机构是否适合。多数情况下,牵头军种需求与国防部执行机构的需求紧密相关。当战区保障司令部担任地理作战司令部保障行动的代理机构时,执行支援地理作战司令部的保障任务。

二、后勤指挥权限

除牵头军种和执行机构提供的能力之外,地理作战司令部还将行使后勤指挥权限。后勤指挥权限是经作战指挥官授权,对下级指挥官签发后勤指令,包括为确保授权行动计划的有效执行,提供必要的平时措施。必要措施包括可用资源的优化使用或重新分配,多余设施禁用或消除,军种部队司令部内重叠的职能。作战指挥官,按照分派到军种部队的共用职责,分配到国防部原始执行机构在战区内机构和司令部的指定职责,执行后勤指挥权限。

三、陆军军种司令部

每个地理作战司令部都配有军种部队(陆军、空军、海军陆战队、海军及海岸警卫队)的指挥官。为保障军种部队指挥官,陆军使用陆军军种司令部机关编制与装备表组织结构,按照比例分配到每个作战司令部。分配到地理作战司令部的陆军军种司令部,对规定的所有区域进行保障。战区保障司令部将接受陆军军种部队司令部的指挥,并且必须特别指出司令部如何满足陆军保障需求和联合保障需求。地理作战司令部必须明确规定分配到战区保障司令部的权限,以便明确解释在保障责任范围内的联合职能。当地理作战司令部设立下属联合部队司令部或联合特遣部队时,其所建立的指挥关系和权限同样适用。陆军军种司令部是战区高级陆军司令部,包括军种部队指挥官和所有陆军人员、机构、单位,以及陆军军种司令部指定到地理作战司令部的设施。每个陆军军种司令部都配有一个日常战区保障司令部,通过该战区保障司令部,使陆军军种司令部按照地理作战司令部确立的优先等级执行保障任务。

四、陆军部队

作为地理作战司令部保障的一部分,陆军军种司令部指挥官指定陆军部队指挥官,保障每个联合部队指挥官或者联合特遣部队。如果陆军指挥官被指定为联合特遣部队指挥官,在联合作战区域内的下一任陆军高级指挥官便会被指定为陆军部队指挥官。陆军部队指挥官执行陆军军种部队司令部指挥官为保障联合部队指挥官或联合特遣部队所指定的军种特殊职责。当战区内建立作战区域或联合作战区域时,为达到地理作战司令部意图,陆军军种部队司令部指挥官按照陆军部队要求,建立保障的优先等级。陆军部队和战区保障司令部之间建立保障关系,使战区保障司令部能够在战区范围内部署资源,为陆军部队提供及时的、响应性的战役级保障。

五、责任范围

责任范围是指在与作战司令部相关的地理区域,地理作战司令部有权制订计划、实施行动。如果地理作战司令部指定责任范围由作战行动的战区、作战区域和联合作战区域组成,那么就会对未来战区保障司令部与远征保障司令部责任范围内的行动产生影响。

六、作战区域

为在地理责任范围内执行作战行动,地理作战司令部可在各自责任范围内,指定特殊区域作为战区、作战区域或联合作战区域。战区由总统、国防部秘书长或地理作战司令部指挥官指定,作为空运、陆运及水运区域,也可能直接参加主要战略、战役及关键战斗行动。作战区域是担负军事职责的地理区域。联合作战区域,由地理作战司令部指定,联合部队指挥官在此区域执行军事作战行动,以完成具体任务。使用"作战区域"通用术语,泛指指挥官可能会部署战区保障司令部或远征保障司令部执行作战行动的任何区域。陆军军种司令部为联合部队指挥官或联合特遣部队提供陆军部队,以保障作战行动。战区保障司令部与远征保障司令部,在陆军军种司令部之下,指定为牵头后勤指挥官,为作战区域或联合作战区域提供保障。

战区保障司令部为陆军军种司令部和地理作战司令部提供多种职能保障的指挥机构,可以执行战区保障行动的任务式指挥职能。战区保障司令部对联合地面作战行动中从战略级到战役级行动范围的后勤运输和保障行动进行协调、监督。战区保障司令部使陆军军种司令部和地理作战司令部有能力维持统一地面作战行动并取得成功。战区保障司令部将指挥下属的多职能部队与职能单位,以执行联合地面作战行动中从战役级到战术级的保障任务。战区保障司令部与国家战略机构,负责对联合力量、多国和东道国保障关系进行协调,对作战区域提供保障。

第四章　国外陆军保障旅

国外陆军保障旅是一种灵活的司令部,通过任务编组为统一地面作战行动和司令部的下级保障机构提供保障。通常,保障旅与战斗保障支援营和职能后勤营共同实施任务编组。

第一节　能力与职责

保障旅是陆军旅级的主要保障司令部,在战术和战役层面上为陆军部队提供保障,负责向旅战斗队、多功能支援旅与职能支援旅、可部署且独立的师和军级司令部机关,以及在保障旅指定保障地域内实施作战行动的其他单位提供保障。

一、能力

在制订计划和同步实施保障行动时,保障旅是一种多职能的司令部,负责统筹运用所有的建制单位与配属单位。根据行动和任务的不同,保障旅负责指挥3~7个营。通常情况下,保障旅隶属或者配属于某一保障司令部。同时,保障旅及其配属单位通常将与接受保障机构建立全面支援关系。

保障旅具备远征、互操作和灵活等特点。保障旅具有适应远征任务的特点,可在短时间内将任务编组部队部署到作战环境复杂的地点,并在到达后能够立即展开保障行动。保障旅具有可互操作的特点,能够快速展开任务编组,并整合联合力量、机构和跨国的有关需求与能力。保障旅具有灵活的特点,能够在所有的决定性行动任务中执行保障行动。

保障旅将与执行后勤、人事勤务等单位共同实施任务编组。后勤包括补给、维修、运输、野战勤务、分发及作战合同保障;人事勤务是指为部队提供资金和人力的保障职能。战斗保障支援营是保障旅能力发展的标准组成部分。财务管理保障单位和人力资源连,可配属或者隶属于保障旅。

保障旅司令部机关作为单一的指挥分队,不具备实施具有双重基地的作战行动的能力。在没有接受其他地区风险的情况下,保障旅将无法构建或者运行战术指挥所。保障旅司令部机关负责制订计划和执行应对一级威胁的基地警戒与防护任务。在应对二级和三级威胁时,保障旅司令部机关需要与指定的战斗反应部队进行协调。保障旅的任务编组,取决于负责信号支援的信号网络支援连,以及负责卫勤保障任务的区域支援医疗连。

二、职责

保障旅旨在构建相关组织或者分支机构,由于某一组织或者分支机构仅具备一种职责,保障旅指挥官和参谋人员的职责在于对通过任务编组而成的保障旅实施任务式指挥。任务式指挥是指通过指挥官运用任务命令行使权力与指挥,在指挥官意图范围内实现具备约束力的主动性,以此授权具有灵活性和适应性的指挥官执行统一地面作战行动。

保障旅负责执行与战区开启、保障、战区配送和战区关闭任务有关的后勤和人事勤务职能。通过适当的任务编组,保障旅可以在作战行动的早期阶段,或者在联合作战区域内成为唯一保障旅的情况下,负责执行战区开启任务、保障及战区配送任务。相同类型的保障旅可能具备不同类型的任务编组方式,通过转变保障旅任务编组能够负责执行战区配送任务或者保障任务。

第二节 指挥与支援关系

指挥官为了满足任务需求对部队实施任务编组以提供特定的能力,通过构建指挥和支援关系对部队实施任务编组,在下级单位与保障单位之间建立明确的责任和权限。对于每一次作战行动,保障旅指挥官和下级指挥官都必须尽一切努力确保指挥和支援关系在命令中得到明确表述,涉及保障旅内部、保障旅上级司令部机关及接受保障的机构。

保障旅指挥官为了获得期望的结果会进行严格的评估,然后决定下级单位运用何种指挥和支援关系的组合。指挥和支援关系必须能够适应当前已知的态势,同时能够授权下级指挥官针对未知的态势做出反应,特别是在保障本质并未发生变化的情况下,指挥关系的改变并不一定需要支援关系,尤其是固有支援关系,也发生变化。简明的指挥和支援关系将增加获得成功的可能性。

保障旅指挥官还需建立非正式的关系。保障旅和师副参谋长负责在后勤工作部门之间构建非正式关系,在确定适当的指挥支援关系及内部任务编组时,为保障旅指挥官提供需要考虑的另一种信息来源。

一、指挥关系

指挥关系明确指挥职责和权限。陆军指挥关系包括建制、隶属、配属、作战控制及战术控制。指挥关系统一各项工作,使得指挥官能够具备最大的灵活性以运用下级部队。指挥官与士兵必须了解不同类型的指挥关系及其对提供和接受保障造成的影响。

保障旅有不同类型的指挥关系,具体取决于诸多因素,包括任务、保障优先级过渡性任务编组。通常,保障旅隶属或者配属于保障司令部。保障旅指挥关系和任务编组将随着任务需求的变化而发生变化,同时下级营级单位可能与原保障旅之间存在不同的指挥关系。

指挥关系为指挥官控制遂行任务部队提供相应权限。如果战斗保障支援营,或者职能后勤营与某一单位之间具有指挥关系,那么就不与该单位具有支援关系。如果战斗保障支援营配属于保障旅,那么保障旅将具备确定优先事项及强制施加进一步指挥或者支援关系的权限,使得保障旅可以最大限度地提升指挥所属战斗保障支援营的能力。任务式指挥所描述的是一种预期关系,而不是一种一成不变的关系。

(一)陆军部队司令部

陆军部队司令部,隶属于地理作战司令部,通过编组、配备人员和装备以履行三种职责:作为配属地理作战司令部的战区陆军;作为联合特遣部队司令部,负责位于该责任区域内的有限应急行动;作为联合部队地面作战部队,负责位于该责任区域内的有限应急行动。

陆军部队司令部是陆军为联合力量、机构、政府和多国部队提供保障的主要机构。陆军部队司令部具备的指挥职能,包括战区开启、战区配送、接收、集结、兵力投送和整合、岸上联合后勤行动,以及保障与安全协调。配属陆军部队司令部的战区保障司令部由远征保障司令部和保障旅通过任务编组而成,负责为相关任务需求提供保障。保障旅与保障司令部之间具备指挥关系,同时保障司令部与陆军部队司令部之间也具备指挥关系。

(二)军

在整个军事行动范围内,军司令部通过编组、展开训练和配备装备,即可在战役和重大行动当中,与两个或者两个以上的陆军师司令部,以及提供保障的战区级机构共同承担陆军部队的职责。需要时,军可成为地面作战司令部所属的主要战术司令部,具备对多个师(包括多国或者海军陆战队编组)或者其他大规模战术编组的作战控制。军司令部具备提供联合特遣部队或者联合部队地面组成部队司令部的核心能力。军通常配备一个远征保障司令部,以及一支医疗旅,负责提供直接保障。通常,保障旅与远征保障司令部之间存在指挥关系。

(三)战区保障司令部

战区保障司令部负责为陆军部队司令部同步当前和未来的保障行动。当战区保障司令部确定所需要的前方司令部存在时,战区保障司令部需要部署远征保障司令部。远征保障司令部是部署在作战区域或者联合作战区域的司令部。在运用多个保障旅或者战区保障司令部确定所需要的前方司令部存在时,远征保障司令部负责提供相关的指挥能力。

战区保障司令部与远征保障司令部能力的明显区别在于规模和范围。战区保障司令部具备的能力几乎覆盖整个责任区域,以及负责塑造保障行动,为成功实施保障行动奠定条件。当各联合作战区域之间存在优先级冲突时,战区保障司令部负责为战略合作伙伴提供指导。远征保障司令部的重点聚焦在联合作战区域,以及执行联合特遣部队或者陆军部队指挥官的优先事项。与此同时,远征保障司令部还负责管理位于联合作战区域内的保障任务。战区保障司令部与远征保障司令部及其保障信息系统直接协调,负责持续监督位于作战区域内的各项保障行动,为战区保障司令部指挥官提供必要的区域重点,为陆军或者联合特遣部队承担的任务提供有效的战役级保障。战区保障司令部可在战区范围内,运用多个远征保障司令部。

保障司令部,无论是战区保障司令部还是远征保障司令部,都是在责任区域内负责为陆军部队司令部、军或者联合特遣部队提供保障的上级陆军保障司令部机关。保障司令部负责计划和协调为战区开启和战区关闭提供支援的相关保障职能,需要时保障司令部还负责为相关的战区配送和保障行动展开计划与协调,战区配送和保障行动为陆军、联合力量、部门间和多国部队提供保障。有关保障优先事项由地理作战司令部指挥官和陆军部队司令部予以明确,保障司令部负责将保障优先事项传达到保障旅指挥官。

(四)师

师负责指挥多个陆军旅,是陆军实施决定性行动的主要战术司令部。需要时,师可作为有限应急行动中的联合特遣部队或者联合部队地面作战部队司令部。根据需要,师可成为联合特遣部队范围内的陆军组成部队及联合部队地面作战部队。师承担的主要任务是为所属旅级单位实施的作战行动提供指导,同时师没有固定的作战编组。师可控制多种类型的旅战斗队,数量多达6个旅战斗队,其中包括具有多种额外职能的支援旅。大多数情况下,已部署的保障旅将与保障司令部之间具备指挥关系,与师之间存在支援关系。

二、支援关系

当一种能力为另一种能力提供支援时,支援关系将明确所需要的目的、范围和效果。陆军支援关系并不是指挥机构,比联合支援关系更为广泛。陆军通常存在四种支援关系,即直接支援、加强、全般支援与加强、全般支援。以往这些关系被称为"野战炮兵战术任务",现在被称为"支援关系",同时被陆军其他部队通过运用单位能力,用于实现接受支援指挥官所要求的结果。除非接到额外命令,否则保障旅的支援关系为全般支援,将通过区域支援方法加以实施。

(一)联合部队

各军种负责作战后勤支援系统、平台及其实施,从而为部队提供支援。保障旅可向联合部队提供通用支援、通用后勤及共同地面运输支援。在这种情况下,联合部队指挥官需要在命令当中对保障细节加以注释。向联合部队提供支援的保障旅,并不是负责联合后勤的司令部或者中心,而只是依据作战命令向联合部队提供支援的一个旅级单位。

(二)特种作战部队

保障旅(特种作战、空降)是一种独特的陆军保障旅,能够保持对于已部署的陆军特种作战部队后勤支援结构的全球态势感知。保障旅(特种作战、空降)设定了战役级的后勤条件,从而有利于陆军特种作战部队执行有关任务。保障旅(特种作战、空降)隶属于陆军特种作战司令部,致力于战役级到战术级的支援。在仅有的特种作战部队位于战区实施作战行动期间,可由保障旅(特种作战、空降)负责实施支援。

在已展开部署时,保障旅(特种作战、空降)将作为联合特种作战特遣部队的单一后勤司令部行动。保障旅(特种作战、空降)把陆军特种作战部队的支援需求纳入陆军部队司令部的支援计划当中,并确保对陆军特种作战部队需求做出及时响应。与此同时,保障旅(特种作战、空降)也可作为一个战斗保障支援营的早期进入控制机构,为位于战区内的常规部队实施扩张提供支援,直到由常规保障旅接替该旅为止。保障旅(特种作战、空降)负责为特种作战部队提供全般支援。

(三)远征运输旅

远征运输旅是一种运输司令部,负责控制所有隶属和配属单位,以及管理与实施海港行动。远征运输旅由负责处于敌方控制状态的港口开启、水运终点站及水上运输工具行动的各营编组而成,以满足任务需求。远征运输旅配属于保障司令部,同时保障旅负责为远征运输旅提供支援及与参谋人员展开协调,负责同步向前输送,作为接收、集结、向前输送和整合的组成部分。

(四)旅支援营

旅支援营作为旅战斗队的建制单位,为旅战斗队提供量身定制的支援。航空旅也有一种与之相类似的支援单位,即航空支援营。该旅支援营为接受支援的旅提供补给、野战维修、运输,以及相关的卫勤保障。航空支援营提供航空和地面野战维修、覆盖整个旅范围内的卫星信号支援、所有物资的再补给,以及卫勤保障。保障旅负责为支援营提供其所缺的有关支援,如水的净化与储存、石油储存和运输支援等。

如果任务和作战行动变量确实需要,保障旅指挥官可建议建立直接支援关系。特定的战斗保障支援营,与特定的师、旅战斗队,以及战斗航空旅(营)之间存在的直接支援关系可能针对某一特定作战行动;战斗保障支援营任务编组将对接受支援单位的任务有所体现。由适当命令明确的支援关系用于确定该支援关系的相关细节,包括明确的支援优先级。

三、战略对接

陆军部队司令部参谋人员及保障司令部参谋人员负责为保障旅提供战略对接。在某些情况下,保障旅将直接与联合行动的伙伴代表展开沟通与协调,从而同步与整合支援行动。联合行动伙伴是指在实施作战行动期间,参与陆军部队制订计划、协调、同步和整合的军事力量、政府和非政府组织,以及私营部门的相关成员。相互作用的层级或程度将取决于战区的成熟程度、作战行动所处的具体阶段,以及保障旅的任务。协调,对于为战役级的部队、战区开启任务,或者主要通过合同达成的任务提供支援的保障旅而言,更为常见。保障旅指挥官和参谋人员必须熟悉国家政府的伙伴,同时了解每一名伙伴为陆军部队司令部目标提供支援所需要的项目。

(一)国防后勤机构

国防后勤机构,负责为各军种、其他联邦机构、联合部队及盟军部队提供全方位的后勤、采办和技术服务,包括军事装备管理的再利用。保障旅与为其提供支援的国防后勤机构组织的相关代表保持联系。有关特定作战行动支援更多的详细信息,需要与国防后勤机构的用户交互中心进行联系。

国防后勤机构将配备国防后勤机构区域指挥官,负责为每一名地理作战指挥官提供支援。该指挥官是协调整个战区内所有国防后勤机构活动的焦点所在,能够按照需求提供灵活的支援。一旦各军种确定了所需要的能力,将通过联合特遣部队指挥官、作战司令部和联合参谋部加以批准。获得批准后,国防后勤机构将组织自身的能力满足其需求。国防后勤机构的区域指挥官将组建有关的国防后勤机构支援分队,负责为对应的行动区域提供直接支援。

国防后勤机构支援分队负责为位于世界各地的冲突、灾害、紧急事件、动员,以及其他应急行动提供后勤支援。国防后勤机构支援分队需要向作战指挥官负责,将直接与保障司令部展开合作,整合国防后勤机构常见货物的物资管理支援,如给养、防护服、一般补给品和散装石油等。同时,国防后勤机构支援分队还负责提供适当的处置支援,包括处置危险的废弃物。国防后勤机构支援分队需要防护、生命保障、运用共同地面运输资产,以及可能需要为分队行动准备所需要的相关地形。

(二)陆军器材司令部

陆军器材司令部,负责为陆军提供技术、采办支援、器材发展、后勤力量投送,以及保障。陆军器材司令部辖三个主要下属司令部,即陆军地面军事部署和配送司令部、陆军合同管理司令部及陆军保障司令部,在向保障旅提供国家级支援时承担重要职责。保障旅与陆军器材司令部的相关组织开展配合。

陆军地面军事部署和配送司令部,是国家运输司令部的陆军部队司令部,同时也是陆军器材司令部的主要下属司令部。陆军地面军事部署和配送司令部是所有装载和卸载的通用海港的单一港口管理者,负责为部署单位、装备和保障设施进入卸载海港提供支援;负责实施港口行动的保障旅,需要与陆军地面军事部署和配送司令部的相关分队进行协同。

陆军合同管理分队,将在原合同管理支援旅(营)的指挥下展开行动,同时可通过任务编组而成单独的远征签约分队。陆军合同管理分队通常与保障旅之间存在直接支援关系。合同管理分队的主要任务是制定、征求、奖励、管理和削减战区支援合同(除医疗应急合同外)。合同管理分队需要后勤和安全支援,如野战补给、宗教、人事勤务、医疗、运动及防护。

陆军野战支援营,是陆军野战支援旅的下级单位,陆军野战支援营隶属于陆军野战支援旅,或配属于陆军野战支援旅。通常情况下,陆军野战支援营将与师司令部机关存在直接支援关系,同时与位于该营指定支援区域内的其他单位存在全般支援关系。陆军野战支援营是保障旅为陆军器材司令部的后勤供应商提供的入口,如寿命周期管理司令部的后勤援助代表、维持维修支援及后勤文职人员扩编计划支援。陆军野战支援营(预置物资)负责管理陆军的预置物资,具体负责为装备下发、系统现代化、保障级维修及加强野战级维修作业提供支援。陆军野战支援营还在接收、集结、向前输送和整合、倒流,以及重新部署期间,对受援陆军部队的其他任务提供所需支援。

(三)民事行动组织

民事行动组织,如其他政府机构、政府间组织和非政府组织,其资源和能力有助于构建东道国当局的权利和能力。保障旅可能需要为稳定行动及外国人道主义行动提供支援,往往属于保障密集型的行动。行动中,保障旅经常需要与政府间、非政府机构,以及其他机构和组织开展密切合作或者提供直接支援,可能包括地面运输、提供各类装备与补给品、港口行动,必须得到国防部部长的特别授权。保障旅指挥官和参谋人员必须熟悉向机构间、机构间组织、非政府组织,或者当地民众和机构,提供支援的相关法律授权。国务院是政府负责外交事务的主要机构。外交是组织联盟和同盟的主要手段。联盟和同盟包括作为伙伴、盟友、代理人,或者具有代表权的国家实体与非国家实体。某些情况下,可信的武力威胁将使外交手段的进入成为可能。地理作战司令部指挥官负责将位于其指定责任区域内的军事活动与外交活动结合起来。

(四)承包商

指挥官期望承包商参与到作战行动当中,然而对于承包商的管理和控制将不同于士兵和陆军文职人员。在军事行动期间,士兵和陆军文职人员都处于军队指挥链的控制之下,指挥官能够决策士兵和陆军文职人员执行任务、特别任用及惩戒行动。然而,指挥官对承包商并不具备同样的控制权,相关合同条款和条件构建了军方与承包商之间的关系。

保障旅指挥官面临的一项挑战是确定将由谁负责签订支援合同,以及谁将负责对此实施监督。在保障旅所在地域内展开工作的诸多承包商,由陆军野战支援营与之签订合同,或通过该营签订合同,但陆军工程兵、国防后勤机构及其他的单位也能够与这些承包商签订支援合同。保障旅指挥官可使用位于支援作战当中的作战合同保障部门,协助确定由谁在保障旅指定的支援区域内负责执行何种合同。指挥官和参谋计划人员还必须评估向承包商提供防护的必要性,并指派部队在适当的情况下为承包商提供有关防护。

(五)多国

为部队提供保障是一项国家责任。通过提供分享、支援,以及接受来自盟国或者联盟部队提供的支援,能够获得一定的效能和效果。根据多国支援协议的程度或者范围,可能需要保障旅负责为多国保障行动展开协调、控制及提供支援。

参与国家应当努力实现作战行动的一体化指挥,明确使命、任务、责任及权限,并使所有参与人员都能够理解。虽然指挥关系在条令当中有清晰的定义,但参加多国行动的国家军队并不一定会把这些内容写入本国军队条令中。因此,多国行动的基本框架最终将变为统一指挥、牵头国家指挥或者平行指挥。

统一指挥框架的最佳实例是北大西洋公约组织(简称"北约")。指挥官是在"北约"成员国的军官中指定一名战略级指挥官,参谋部和下级指挥官与参谋人员则来自多个国家。统一指挥的关键要素包括指定唯一的指挥官,参谋部由所有的成员国代表组成,把下级指挥官和参谋人员整合到完成任务所需要的最低层级梯队。

在牵头国家指挥框架下,所有成员国的军队都将接受某一国家的控制。牵头国家指挥框架的显著特点,在于指挥官与参谋人员将由占据支配地位的牵头国家军官担任,同时下级单位将保持严格的国家完整性。作为牵头国家指挥框架的最佳实例是驻扎在伊拉克的多国部队,在这支多国部队中,美国领导的司令部机关对美国及其他国家的下属司令部进行全面的军事指挥与控制。

在平行指挥框架下,没有任何军队的军官被任命为最高指挥官。盟军领导层必须采取措施协调各个成员国,从而确保作战行动能够形成合力。在平行指挥框架下,可通过设立协调控制中心加以实现,但为提高协同效率,应当尽量避免采取平行指挥框架。

在多国共同实施作战行动的情况下,如果每一个国家都只是单方面地保障本国军队的作战行动,那么作战行动将出现代价高昂且缺乏效率的结果,因此,为联军和盟军部队提供保障通常被视为一种集体责任。通过与其他国家军队签订相关保障协议,以达成保障效率最大化及作战行动效果最优化。多国保障协议有不同的类型,不同类型的协议也都有不同程度的责任与范围。"北约"中各盟国陆军的出版物和陆军条令参考出版物《保障》中都对保障协议进行了详细的论述,包括但并不限于物资劳务相互提供协定、相互支援协定、第三方后勤支援勤务、合同支援多国行动、东道国支援等。

提供和接受的支援种类包括运输、使用大宗油料设施、大宗油料品供应及野战勤务。需要特别关注后勤文职人员扩编计划的服务项目,因为该服务项目是为整个战区提供相关服务,其用户是多国部队。保障旅指挥官及其参谋人员应当熟悉已签订的多国支援协议,理解每一项多国支援协议的范围与局限性,理解按照支援协议执行任务时保障旅所需要承担的职责。

（六）东道国

东道国支援是指某一国家根据与其他国家签订的有关协议,在和平状态、危急时刻、紧急事件或者战争状态时,为位于该国领土上的外国军队提供民事或者军事援助。东道国支援可能包括海港和空港卸载、存储物资、运输资产和人员的仓库储备,如码头装卸工人及其他与配送有关的或者由配送提供支援的能力。东道国支援协议大多都在现有盟国之间展开过谈判磋商,通过签署和履行东道国、盟国和政府间组织的相关协议,能够大幅提高保障效率,并有助于形成行动合力。协议可以是已经签署完毕的协议,也可以是在部队部署到战区之后签署的协议。通过对东道国整合资源能力和计划的综合分析,可为负责保障行动的指挥官提供一系列选项。值得注意的是,东道国支援不同于合同支援。

（七）其他

除了在条令中规定的关系之外,还存在一些重要的专业性关系,既不属于指挥关系,也不属于支援关系。保障旅应当发起并参与一些伙伴关系活动,以此构建保护人员、设施防护及加强机构建设的伙伴能力。伙伴关系活动将加强与当地民众和组织机构的关系,同时也将有利于保障旅获取承包商提供的运输服务和物资保障。

陆军国民警卫队各保障旅之间存在的正式关系,在条令当中并未得到明确。各州州长负责指挥陆军国民警卫队保障旅,直到指挥权被联邦政府接管为止,同时各州州长将通过本州的副官行使指挥权。当州长启动国民警卫队保障旅开展相关工作时,如果该州还驻扎着其他军事单位,依据条令,需要与其他军事单位建立相应的指挥和支援关系。保障旅将与其他组织或者该州的有关机构之间建立在条令当中并未明确规定的各种关系,组织或者州的相关机构与保障旅之间将属于支援与被支援的关系。

第三节　组　织　机　构

保障旅是由一个指挥组、参谋机构（见图4-1）和一个专业部队营组成的司令部组织。保障旅司令部在该旅支援区域内,负责计划、协调、同步、监视和控制保障行动。

一、指挥组

指挥组由指挥官和经过挑选的参谋人员组成。参谋人员协助指挥官控制在远离指挥所地域范围内实施的作战行动。编组与配备指挥组旨在适应指挥官做出决策和领导的相关要求,指挥官于作战区域内任何地方执行关键作战任务时,指挥组能够为指挥官提供指挥作战的有关能力。通常,保障旅指挥组成员包括保障旅指挥官、保障旅副指挥官和指挥军士长(一级军士长)。然而,具体任务与相关参谋人员决定着指挥组的实际组成。

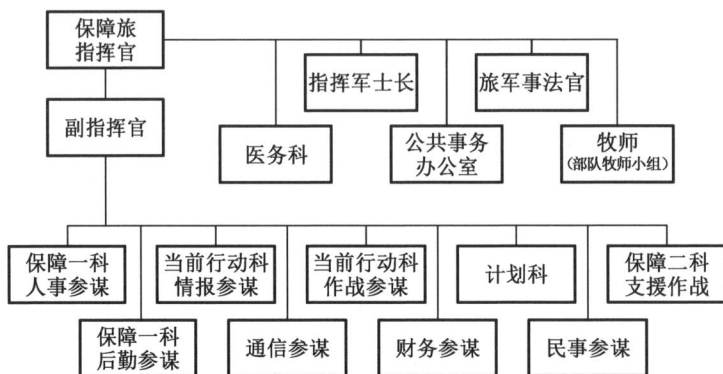

图 4-1　保障旅参谋机构

　　保障旅副指挥官,是旅指挥官最为重要的参谋,负责指示与监督参谋人员协调开展工作,确保参谋业务有效、及时地运行。保障旅指挥官一般授权旅副指挥官负责有关工作的协调及特业参谋的行政管理。保障旅副指挥官负责监控所有下级单位的运行状态,同时将下级单位的运行状态呈报保障旅指挥官。

　　保障旅指挥军士长(一级军士长),是保障旅的高级现役士兵,也是保障旅指挥官的人事参谋成员之一,具有专业的知识、丰富的经验及精准的判断。指挥军士长在制订计划、展开训练与准备,以及执行保障旅使命的各个方面,都能够为保障旅指挥官提供涉及技术与战术领域的意见建议。指挥军士长的职责与责任,根据保障旅指挥官的特定期望与需求的不同而发生变化。职责需要在哪里,保障旅指挥军士长就将出现在哪里。

　　保障旅参谋人员负责协助下级单位,以及与保障旅司令部以外的单位和组织进行沟通,并通报情况。保障旅参谋人员将确保决策、指令和命令得到执行,以及保障旅指挥官意图的贯彻落实。保障旅参谋人员包括协调参谋、特业参谋和人事参谋。除一般的参谋人员岗位职责外,保障旅参谋人员还应当在保障领域积极主动地发现问题,并解决问题。

二、协调参谋

协调参谋人员在各自的技术领域内,拟制保障旅内部的制度与计划,提供指导与优先建议,并下发到所属的各级司令部。保障一科的主要业务是为保障旅内部提供保障,保障二科的主要业务聚焦在为保障旅的外部单位提供保障。参谋机构也将参阅下级单位对等参谋人员的有关计划。

(一)保障一科人事参谋

保障旅、营人事参谋军官是保障旅的主要参谋,负责保障旅内部的人力资源保障,以及隶属和配属到保障旅士兵的卫生健康、部队士气、福利待遇等相关问题。人事参谋负责协调医疗、宗教和法律保障,以及拟制在作战计划和作战命令中涉及人力资源保障的相关内容。人事参谋直接与人力资源司令部保持联系,同时负责呈报部队实力管理、兵员轮换行动、人事状况报告及部队实力报表。同时,保障旅人事参谋需要向配属各营的人事参谋提供技术指导。

(二)当前行动科情报参谋

保障旅情报参谋负责确定威胁的构成、实力、能力和行动方案,实施作战环境的情报与保障准备,以及提交地形与气象分析报告。保障旅情报参谋负责拟制在作战命令中涉及情报部分的相关内容;监视情报需求,为当前和下一步作战行动提供支援;监视上级单位、下级单位、友邻单位及所属分队的情报分析;协调其他情报机构,为高效完成后勤保障任务提供预见性的、及时的情报信息。

保障旅情报参谋为作战行动提供的情报,包括天气因素对交通线影响的分析报告,敌方战术变化对于运输车队、补给路线及保障旅提供保障的影响。保障旅情报参谋需要探索一种方法用于搜集、分析,以及通报下级单位执行保障任务的情况,同时还包括参加保障行动的所有承包商或者文职人员的具体情况。所有情报必须要经过评估,确定价值与能力,以此满足指挥官对情报的迫切需求;及时更新作战计划或者作战命令中的情报附件,以及对下级单位的情况通报和情报评估等。

(三)当前行动科作战参谋

保障旅、营作战参谋军官负责同步与整合当前行动、下一步行动和作战行动中所有计划范围内的保障行动,以及根据指挥官的意图和计划指导、安排、整合各个小组。保障旅、营作战参谋军官主要履行以下职责:与接受支援单位进行协调,同步下一步作战行动,并在不损失作战锐势和影响部队统一行动的前提下,为部队从当前作战行动过渡到下一步作战行动提供支援;为制订任务计划、拟制行动方案、制订作战行动计划及战后复盘等工作拟制相关计划,并优化自动化办公程序。

保障旅作战参谋负责起草、协调、鉴定、发布、审定和分发书面命令(包含预先号令、作战命令和补充命令)与计划。同时,保障旅作战参谋负责拟定各单位任务编组,计划与实施作战行动防护,以及确定部队模块化编组。保障旅作战参谋所在科负责制订部队战术运输计划,具体包括路线选择、机动优先考虑、时机选择、安全防护、宿营地分配、部队集结,以及起草部队运动命令。

(四)计划科

保障旅计划科规模较小,由计划参谋负责牵头。必要时,其他各科应协助计划科开展工作。保障旅计划科负责拟制长期作战计划,依据上级部门下发的命令、当前作战行动的预期结果、保障旅指挥官的指示等,起草行动计划、命令、分支行动计划,以及总结报告。同时,保障旅作战参谋负责对计划科的具体工作提供指导。

(五)民事行动科民事参谋

保障旅民事参谋是向保障旅指挥官及参谋长提出有关民事行动建议的主要人员。保障旅民事参谋负责将民事行动统一整合到作战行动和训练当中,提出有关下级民事单位的能力、分配和运用等方面的建议,并为部队训练与部署提供具体所在国家的相关信息。同时,保障旅民事参谋负责起草作战计划、概念计划及作战命令中民事行动的内容。保障旅民事参谋需要与为民事行动提供支援的部队、军民关系行动中心进行协调沟通,制订机构间合作计划与协同,以及负责与作战参谋共同整合非军事部门的行动。保障旅民事参谋准备并对民事行动展开评估,针对军事行动涉及经济、环境和卫生健康等方面对本地民众和当地机构造成的短期与长期影响,以及本地居民和当地机构对于军事行动产生影响所引发的责任义务,向保障旅指挥官提出相关意见建议。

在保障行动依赖东道国资源完成关键保障任务时,保障旅民事参谋将发挥特别重要的作用。保障旅民事参谋通过军民关系行动中心的民事信息管理流程,持续不断地提供作战环境中民事部分的最新信息。信息数据能够用于判定当前本地民众和当地机构为作战行动提供支援的能力和资源,经过确认的资源能够在支援作战中,为制订近期保障行动计划提供帮助。

(六)保障一科后勤参谋

保障旅后勤参谋是负责内部保障及战备工作的主要参谋。后勤参谋承担的主要任务包括保障行动与计划、供应补给、维修、运输及野战勤务。保障旅后勤参谋负责针对旅内部的后勤事务,向指挥官和参谋人员提出相关意见建议;协调旅内部保障行动的评估、计划、附录和命令事项;跟踪当前行动,派遣参谋人员监督为保障旅及其所属单位提供的饮食保障、资产账目登记及维修保障。通常情况下,保障旅后勤参谋将授命监督保障旅及其所属单位的部署和重新部署工作。

(七)通信科通信参谋

保障旅通信参谋的主要工作职责,涉及网络运行与信息管理。保障旅通信参谋将派遣技术参谋对整个保障旅的通信保障活动实施监督,同时保障旅通信参谋负责所有通信资产及附件的技术监管,协调通信支援单位保持与上级部门通用通信网络的畅通,拟制与协调通信保障计划,确认潜在的通信网络限制,以及采取行动以确保具备足够的备份通信手段维护通信网络,从而抵消或者适应限制。

(八)财务管理科财务管理参谋

保障旅财务管理参谋是保障旅的财务管理专家。财务管理科财务管理参谋,由一名军官和一名士官组成,是保障旅实施财务管理计划制订与保障的重点人员。保障旅财务管理参谋负责整合所有的财务管理需求,并将需求体现在保障旅作战行动计划当中,同时协助总结支援作战的财务保障理念;负责识别、确认和管理资金,从而确保满足紧急开支的有关要求;负责监督所有的开支,包括合同开支;部分参与整个保障旅的合同签订、驻地采购及信用卡处理过程;负责呈报开支计划,监督需求款项的状态;负责为保障旅野战订购军官和支付代理,协调涉及合同签订和财务管理方面的保障;负责协调和管理审计工作,以及内部控制项目;作为负责协调参谋的一部分,财务管理参谋负责接收、制定,以及在保障旅范围内分发财务管理指导手册;负责分析来自旅参谋人员、隶属与配属单位指挥官等的与财政相关的信息,编制经费需求报告,并上报上级司令部机关。

(九)保障行动参谋

保障旅保障行动参谋负责计划及协调保障行动。在为作战区域内完成决定性行动的作战部队提供保障时,保障行动是制订计划、协调与同步保障行动等方面的参谋职能。参谋职能的执行依赖于各保障单位负责协调保障行动的相关参谋人员。为有效实施保障旅保障支援行动,需要平衡外部保障需求与保障旅自身保障能力之间的差距。保障旅实施的保障行动,主要涉及执行配送行动、维修管理、作战合同保障,以及诸如通用补给品、弹药、油料与水等物资管理。

保障旅保障行动的物资保障优先顺序,由保障司令部所属的配送管理中心根据陆军部队司令部确定的策略和优先考虑事项决定。保障旅保障行动参谋负责保障旅内部的补给品与库存管理,同时也负责监督位于保障旅地理保障区域内的物资配送、维修及物资管理。保障旅保障行动通过运用一体化自动控制系统和后勤信息系统,形成后勤通用作战态势图,从而在整个保障旅的地理支援区域内保持态势感知能力。保障旅保障行动参谋对人力资源与财务行动,提供相应的参谋监督。图 4-2 介绍了保障旅支援作战行动。

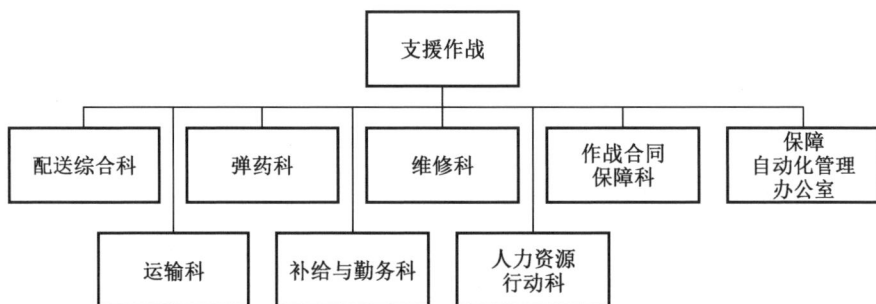

图 4-2　保障旅支援作战

配送综合科,负责整个配送行动的计划、协调和同步工作,以及计划、监督配送行动的实施,并依据保障方案实施保障司令部制订的配送计划。为了达到配送能力最大化,配送综合科需要确保配送系统内的各个环节能够同步展开各项行动。配送综合科负责整合来自保障行动各个部门的配送需求,并制订相应的配送计划,并在配送计划当中描述保障物资如何从保障旅流向各个接受保障的单位。

运输科,负责协调接受保障单位的运输需求。运输科通过平衡运输能力与运输需求满足任务需求,同时负责制订机动计划。机动计划在提供给配送综合科之后,将与配送计划进行合并。运输科需要为下级各单位提供空运、陆运、水运的使用与能力等方面的技术保障,包括在中心和各个节点实施的作战行动。运输科负责管理由保障司令部分配的各类通用运输资产。共同地面运输资产是由国防部控制的资产与设施,作为通用资产配置在战区范围内。如果保障旅是联合作战区域内最高级别的保障司令部,或者在联合作战区域内不具备任何输送控制营,那么保障司令部可授权保障旅负责分配共同地面运输资产。同时,保障旅将负责与东道国的运输部门、运输调度人员及接受保障单位保持联络。保障旅运输科将在运输转运节点,负责监督运输能力和运输任务量。运输科与内部的供应科和配送综合科,共同协调解决除大宗油料物资和通信安全装备以外所有物资的配送管理问题,控制部队接收、集结、向前输送、整合,以及重新部署与倒流。

补给与勤务科,负责执行物资管理,以及计划、协调野战勤务支援。补给与勤务科确定相关需求,并针对补给品分配和分发的优先顺序提供意见建议。补给与勤务科负责监督物资的筹措,以及对物资在旅保障范围内的重新分发提供意见建议。同时,补给与勤务科将运用自动化后勤系统,保持对于库存和转运补给物资的可视性。通用物资补给部门在保障旅的保障范围内,负责控制、管理和指导成套的给养、被装、油料,以及工程、弹药补给品的接收、储存,并分发到接受保障的单位。油料与水补给部门负责为接受保障单位控制、管理大宗油料和水的补给,同时对于作战区域内大宗油料和水供给的接收、储存、检验、测试、质检、领取、分发和计量提供指导。野战勤务部门负责为接受保障部队协调野战勤务,包括空运、殡葬事务、野战给养、洗衣、淋浴及水净化。在来自东道国和承包商提供的支援下,由军事人员完成位于前沿地区范围内的大部分野战勤务支援任务。

弹药科,通过运用自动化后勤系统,负责对作战区域内的所有弹药补给行动的保障管理进行协调与监督。弹药科负责确定弹药需求,针对弹药分配、分发的优先考虑事项提供意见建议,同时还负责监督弹药的筹措,以及对位于保障旅指定保障范围内弹药的重新分发提供建议。弹药科将运用自动化后勤系统,保持对库存和转运弹药物资的可视性管理。

维修科,负责为接受保障的单位协调维修保障勤务,同时维修科实施形势分析、车队管理、掌握野战及保障维修需求。保障维修需求需要与陆军野战支援旅进行协同,负责管理全旅的汽车维护保养、地面支援装备、军械、电子系统修理,以及管理维护保养测试、测量与诊断装备。

人力资源行动科,在保障旅作战区域内,负责计划、协调、整合,以及同步下级的人力资源连、排和小组相关活动,包括确保下级人力资源单位具备足够的人员补充、正确位置、合理分配,以此提供所需要的邮政、人员职责及伤亡医疗保障。人力资源行动科负责人力资源计划与行动、人员职责、伤亡救援行动及邮政作业。同时,人力资源行动科作为保障旅早期部署的单位,主要负责协助构建初期战区人员职责、伤亡救助中心及邮政作业。人力资源行动科的职能之一是作为整合者，负责整合以下单位的相关工作：人力资源保障中心、隶属或者配属于实施人力资源保障的人力资源组织机构，包括人力资源连、军事邮政队及战区人员岗位职责指导小组。同时，人力资源行动科也需要与接受保障单位和保障单位的人力资源参谋一起整合相关信息，从而有利于对外实施人力资源保障任务。此外，人力资源行动科需要与其他的保障单位和组织，同步更新不属于人力资源保障方面的相关需求，如临时人员的交通、住宿及饮食保障；需要确保人力资源保障部门的人员定岗与换岗，以能够与人员岗位职责、伤亡及邮政行动等方面的保障计划方案保持同步。

作战合同保障科，将地方商业公司提供的保障，整合到军事行动当中。保障旅作战合同保障科负责合同保障的整合工作，即负责已部署在指定保障区域内的作战部队和其他机构作战计划的同步拟制、需求确定及承包商招投标管理。同时，作战合同保障科负责起草、审核工作报表、工作绩效报表、独立的政府预算报告、需求论证文件及采购申请等。保障旅作战合同保障科通过将承包商提供的人员及其装备运用整合到军事行动中，从而实现对承包商的管理。作战合同保障科负责监控、跟踪和协调与签订合同的军官代表及接受官员相关单位的行动。作战合同保障科的成员还将参与单位的作战计划小组，拟制与作战合同保障相关的内容。

保障自动化管理办公室，负责网络管理，主要管理对象为小型战术级终端，以及无线作战勤务保障自动化信息系统平台网络。保障自动化管理办公室负责为保障旅提供信息技术保障，同时作为网络管理者，还负责网络配置，并监督与接受保障单位有关的网络接入。保障自动化管理办公室协同通信参谋对保障司令部的通信与电子战计划进行整合，确保司令部通信与电子战安全，运用其重要功能。保障自动化管理办公室将在保障系统内，发挥第一层问讯处的功能，同时承担系统管理职责，还具有任务分配和批准管理职能。

三、特业参谋和人事参谋

特业参谋负责协助保障旅指挥官及其他参谋人员履行各自职能职责。同时，特业参谋经常需要与多名协调参谋打交道。人事参谋直接听命于指挥官。当人事参谋与其他参谋人员进行协同时，人事参谋将履行特业参谋职责。人事参谋履行特业参谋职责时，人事参谋的工作流程需要经过副指挥官批准，并处于协调参谋指挥之下，以达到协同与控制的目的。

(一)公共事务办公室

公共事务办公室是为保障旅指挥官和隶属单位提供支援的特业参谋办公室,同时可能担任保障旅的发言人。公共事务办公室由两名公共事务士官参谋组成,作为指挥官的特业参谋,他们具备熟练的沟通技能。公共事务办公室能够近距离、连续地参加作战行动、业务协调及沟通联络过程。履行公共事务职责的官兵,通过公共信息、指挥信息及社区参与职能完成任务。

保障旅公共事务办公室,负责制订公共事务计划,整合和同步与保障旅所有计划、命令相关的活动和主题信息。公共事务办公室与保障旅其他参谋人员紧密开展工作,通过整合战略与统一各方工作以达到指挥官期望的愿景。公共事务参谋负责媒体分析,制定沟通策略以为保障旅行动提供支援。同时,公共事务办公室负责为师及师以上层级单位制订的媒体嵌入计划,以及与信息有关的能力提供支援,如战地摄影、军事信息行动及汲取经验教训项目等。

(二)军事法官

保障旅军事法官是保障旅指挥官的人事参谋之一。保障旅法务科由一名旅军事法官、一名审判辩护律师及一名高级律师专职士官助手组成。营律师专职士官助手在旅军事法官和高级律师专职士官助手的指导与监督下,既可在各个营级单位内履行职责,也可集中在旅级单位内统一管理。旅法务科在军法总署下的军事司法、国际法与作战行动法、行政法与民法、合同法与财政法、申诉索赔及法律援助6项主要领域内,负责为指挥官提供法律支援。旅军事法官办公室的成员将参与旅作战计划的拟制过程,包括军事决策程序、准备法律评估、起草法律附录,以及审查作战计划与作战命令。

旅法务科通过对人员提供法律援助,从而为保障行动提供支援。人员法律援助包括针对官兵个人事务提供的法律支援,即法律援助、申诉索赔与审判辩护。旅法务科负责提供包括官兵战备过程和申诉索赔的法律援助服务,法律援助服务需要与可适用的法律、规章、岗位职责规定,以及法务科提供服务的层级保持一致。如果官兵能够遵循国家军事法规,而且行为符合纪律规范,指挥官必须确保他们获得合适的法律咨询,这是审判辩护的一项职能。为了确保得到足够的代理,避免利益冲突,审判辩护工作将由陆军审判辩护服务局负责提供。

(三)旅军医

保障旅军医是直接接受保障旅指挥官指挥的特业参谋。司令部各级军医具备相似的岗位与职责,负责针对保障旅各单位的医疗卫生事项,向指挥官提出意见建议,以及确保所有的陆军卫生系统保障职能,都能够体现和包含在作战计划与命令当中,还负责对专业部队营的医疗救治队和医疗后送队提供技术监督。

保障旅医务科由一名医疗行动军官、一名健康保健士官及一名医疗后勤军官组成。保障旅医务科负责协助保障旅军医制订医疗计划,并对于医疗行动进行监督与报告。保障旅医务科的目标在于确保保障旅得到陆军卫生系统提供的及时、高效、充足的保障。

在保障旅的行动区域内,保障旅医务科负责与实施作战行动的上级、友邻及接受支援的单位(包括陆军特种作战部队)进行协调。在保障旅行动区域内,由于要满足医疗单位和医疗小组的配置与保障需求,医务科还应当与医疗旅进行协调。确保卫勤保障与保障旅作战保障计划的整合和同步运行,同时也有助于决定需要何种能力以满足保障旅的医疗保障需求,具体需求将由旅军医予以确认。

(四)部队牧师小组

保障旅部队牧师小组由一名牧师和一名牧师助理组成。在旅一级,部队牧师小组在大于保障旅指定保障范围内提供宗教服务保障时,主要努力方向聚焦在监督、同步下级部队牧师小组的行动,以及向部队牧师小组提供相关的资源。作为保障旅指挥官人事参谋的成员之一,在保障旅作战区域范围内,牧师可以直接向保障旅指挥官和其他领导者提出意见建议,包括对于作战行动具备潜在影响的宗教、道德、种族及部队士气方面的问题。同时,牧师助理也将履行监督和建议的职责。旅部队牧师小组将参与保障旅行动的整个过程,包括把宗教保障构想包含在作战命令和作战计划的附录当中,特别是在标准格式的基本计划或者命令当中,作为人事勤务保障中的宗教保障附录。

保障旅是一个多职能的指挥机构,在制订计划和同步保障行动时,负责整合和运用所有隶属与配属单位。保障旅是陆军主要的旅级保障司令部。通常情况下,战区保障司令部将隶属或者配属数个保障旅。保障旅及其配属分队,与接受保障单位之间一般具备全般支援关系。保障旅将行使与战区开启、保障、战区配送及战区关闭任务相关的后勤、人事勤务保障职能。各种指挥关系明确了相关的指挥责任与权限。支援关系确定了在一种能力保障另一种能力时所期望达到的目的、范围及效果。陆军支援关系并不是简单的指挥关系,与联合支援关系比较而言,陆军支援关系显得更为具体。保障旅作为一种司令部,由指挥组、参谋组及专业部队营组成。在保障旅支援区域内,保障旅司令部负责计划、协调、同步、监督及控制保障行动。

第五章 国外陆军专业部队营

专业部队营是一种营级司令部机构,管理所有隶属和配属专业部队营的单位。专业部队营下编指挥组、协调参谋,以及司令部和司令部连。专业部队营是保障旅唯一的建制部队,专业部队营配属单位包括人力资源单位、财务管理单位及通信单位。同时,专业部队营将任务编组为各分遣队和小组,从而满足执行任务的需求。

第一节 能力与职责

专业部队营指挥官和参谋,负责整合和控制隶属和配属单位。专业部队营负责为保障旅司令部机关提供一切行政保障、生活保障和通信保障。专业部队营是保障旅所属的营级司令部机关,用于管理隶属和配属单位,具备执行任务的能力。

专业部队营建制单位,包括指挥组、协调参谋、部队牧师小组及司令部连。参谋人员负责为司令部和司令部连,以及配属部队的指挥官提供信息与建议。司令部连设有野战补给科、维修科、医疗救治队和医疗后送队。各单位负责为保障旅司令部、司令部连,以及专业部队营隶属与配属单位提供相关保障。

专业部队营能够基于作战态势控制多种类型单位,同时可对于并非参谋人员负责的单位实施任务编组,如空运、殡葬事务、战区人员岗位责任指导小组及军邮队。专业部队营指挥官和参谋人员必须具备适应能力和创新能力,从而满足执行任务的需求。

专业部队营与配属的各连、分遣队和小组之间存在不同类型的指挥和支援关系。人力资源、财务和通信单位是最为常见的专业部队营配属单位。基于任务编组而成的专业部队营各单位的指挥关系,取决于各司令部机关与额外任务变量之间关系的预期续存时间。配属于专业部队营的保障单位,通常与保障旅指定支援区域内的各单位之间构成全般支援关系。

通常情况下,专业部队营不直接与战略伙伴进行联系,但必须为直接支援保障旅行动的战斗支援机构的各分队提供生活保障。因此,最可能与负责监督合同和承包商的组织实施战略对接,包括陆军野战支援营的各分队,如后勤援助代表或者指派负责监督后勤文职人员扩编计划实施的后勤保障分队。

第二节 组织机构

专业部队营司令部机关,编有指挥组、协调参谋,以及司令部和司令部连。在保障旅配属财务管理和人力资源组织机构时,通常进一步配属到专业部队营。图5-1对设想中的专业部队营进行了描述,其中专业部队营隶属或者配属的单位大约为5~7个。由于专业部队营司令部机关拥有的参谋力量有限,因此需要旅参谋人员提供支援。

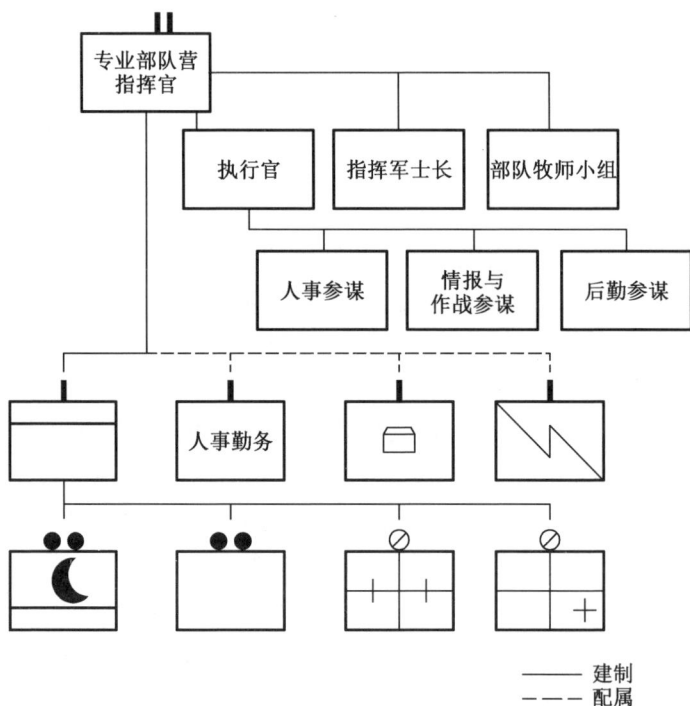

图5-1 设想中的专业部队营

一、司令部机关

与所有的指挥官一样,专业部队营指挥官在应用任务式指挥哲学的同时,应当将指挥艺术和管理科学融合在一起。任务决定所需完成的行动,行动决定指挥官如何组织、调整或者改变参谋人员,从而完成任务。例如,指挥官为司令部和司令部连指挥官规定其参谋的职责,如监督合同或者设施建造。或者,当某一参谋科需要更多人力完成特定的任务时,指挥官应当与保障旅指挥官协调有关保障事项。

专业部队营指挥官和参谋人员所面临的一项挑战是需要适应配属单位，以及指定任务的数量与复杂程度。清晰的指挥官意图、信息灵通的专业参谋，以及各单位之间的团队协作和合作有助于最大限度地降低挑战的难度，并营造积极的氛围。专业部队营指挥官和参谋人员应当致力于营造训练期间的积极氛围，并在作战行动中保持积极氛围。

指挥军士长是专业部队营内的高级现役军人，也是专业部队营指挥官的人事参谋成员之一，应当具备专业的知识、丰富的经验及精准的判断力。指挥军士长将与受支援单位的指挥军士长进行沟通交流，从而确保所提供保障的质量。指挥军士长负责巡查所有专业部队营的各隶属与配属单位，同时指挥军士长也负责为指挥官提供关于专业部队营全部任务的计划、训练、准备及组织实施等方面的技术与战术建议。

除常规的执行官职责外，专业部队营执行官还负责训练和培养小规模的初级参谋人员。根据任务编组而成的专业部队营的组织机构经常发生变化，这种任务编组可能包括小组和分遣队。由于专业部队营与配属分队原单位之间的通信工作将由参谋人员负责完成，因此为了加强通信，特别是汇报程序方面的通信联络，应当建立与监控战斗节奏，并与上级和下属司令部相匹配。

专业部队营的部队牧师小组由牧师和牧师助理组成，将负责计划、准备、实施和评估全营人员，以及各项作战行动的宗教保障工作。部队牧师小组负责提供宗教保障服务，以满足全体官兵、家属及在编文职人员的有关需求。部队牧师小组应当随时准备直接提供宗教服务，以加强和保持全营官兵的士气。作为专业部队营指挥官人事参谋之一，牧师可以直接向专业部队营指挥官及位于该营作战区域内的其他各级指挥官提出意见建议。意见建议包括对于作战行动具有潜在影响的宗教、道德、种族及部队士气方面的问题。牧师助理也履行向司令部和参谋提出建议的职能。专业部队营的部队牧师小组将在专业部队营指挥官的领导下开展工作，同时与承担监督职责的旅牧师小组密切配合，确保在旅的行动区域内提供综合且协调的宗教保障及相关意见建议。部队牧师小组将依据营行动流程制定宗教保障构想，并将构想与营行动流程保持同步，从而保证位于指定保障区域内的宗教保障切实有效。

二、协调参谋

参谋人员是任务式指挥系统的重要组成部分。作为一个组织机构，专业部队营必须能够将任务式指挥的作战职能应用到保障行动与保障赋能行动当中。由于专业部队营参谋机构是一种小型的营级参谋机构，为了保持行动高效，专业部队营参谋机构必须采取团队的方式运行,所有成员必须业务能力精湛。

任务决定了参谋机构的规模和构成。保障旅指挥官将特定的小组或者单位,对专业部队营的参谋机构进行加强,如战斗摄像组。司令部机关频繁的人事变更和加强,将对团队建设和维护造成新的挑战。参谋机构将履行规定的初级参谋的基本职责。

(一)人事参谋

人事参谋负责处理人力资源保障,以及与专业部队营官兵的卫生健康、部队士气和福利待遇等有关的事务。人事参谋还负责协调医疗、宗教、法律保障工作和司令部官兵利益关怀计划,同时负责拟制作战命令或者作战计划附件当中的人力资源保障部分。专业部队营的人力资源保障工作,包含人员登记统计、实力汇报、伤病员行动、人员信息管理、人员战备、基本人事勤务及邮政作业。

(二)情报与作战参谋

专业部队营下编一个联合的情报与作战参谋科,编配 5 名参谋人员,负责完成营作战科所承担的基本作战与情报任务。作战参谋人员负责准备、协调、鉴别、发布、审核,以及分发书面命令(预先号令、作战命令和补充命令)和计划。同时,作战参谋还负责展开部队任务编组,计划和实施作战行动安全任务。作战参谋科制订的部队战术输送计划,包括路线选择、机动优先事项、时机选择、安全防护、宿营地分配、部队集结及起草输送命令。情报与作战参谋科机构成员还负责将情报产品分发到整个专业部队营,并上报到保障旅的参谋部门。

(三)后勤参谋

后勤参谋负责制订后勤计划,并确定专业部队营的保障需求。已部署的营与配属单位之间不具备任何惯常的关系。后勤参谋可向配属单位原单位的营后勤参谋,申请提供一些基本信息:配属单位可提供何种建制保障,以及配属单位将需要从专业部队营处得到哪些保障。后勤参谋负责监督和分析所有配属单位的装备战备状态,协调营范围内的各类勤务,如食品准备、水净化或者淋浴设备。后勤参谋可能需要负责监督合同服务或者设施。

三、下级单位

专业部队营下编 5~7 个单位,从小组到连级规模不等。参谋人员必须了解专业部队营所属单位的能力和关系,如果司令部和司令部连并未提出保障加强申请,那么司令部和司令部连有可能无法应对内部保障需求。

(一) 司令部和司令部连

司令部和司令部连将对保障旅司令部机关,以及专业部队营的所有连级作战行动实施监督,对隶属于保障旅和专业部队营司令部机关的官兵负责。除所有指挥官的共同职责外,指挥官还负责协调给养勤务、宿营、野战卫生、补给、为建制装备提供的野战维修及陆军卫生系统保障。

司令部连的野战给养和维修部门负责为专业部队营、保障旅司令部机关、保障旅的通信连、人力资源连及财务连提供保障。同时,维修部门为保障旅司令部机关和专业部队营编制内的车辆与装备、所有隶属或者配属(规模小于营级,而又并非隶属于营)的资产提供野战维修服务。必要情况下,在战斗保障支援营内通常成立保障维修连,并由该连负责协助维修部门。

(二) 卫勤保障

在专业部队营内的卫勤保障,由医疗救治队和医疗后送队负责提供。同时,各队负责为保障旅司令部和司令部连,以及专业部队营的隶属与配属单位提供卫生勤务保障,被保障单位将在保障旅军医的监督下展开运行。医疗救治队主要负责提供单位本级的卫生勤务保障,包括紧急医疗救治、心理健康、高级创伤管理及门诊伤病员集合勤务。

卫勤保障分队依赖军医科,针对卫生勤务保障展开计划、协调和同步工作。医疗后送队负责提供战术层级战斗伤病员护理、途中医疗护理,及从伤员站到提供护理医疗救治队的地面医疗后送。

四、财务管理保障单位

财务管理保障单位是一种经过特定调整的单位,下编3~7个财务管理保障分遣队。财务管理保障单位的主要任务在于提供财务管理保障,财务管理保障单位负责为位于保障旅指定支援区域内的单位提供全般支援。受支援的实体,包括联合与多国司令部、各单位、官兵、在编文职人员及承包商。同时,保障旅财务管理参谋负责计划,并整合财务管理行动。

财务管理保障单位针对受支援单位指挥官的任务和优先考虑事项进行分析,以此确认达成任务所需要的财务资源需求。专业部队营财务管理保障单位能够增强其他的财务管理单位,从而满足师以上梯队的相关需求。同时,财务管理保障单位还负责确保行动分队遵守有关的监管指南、指令和程序。

财务管理保障单位指挥官是国库和有限储蓄账户主要账户的持有者。该指挥官负责为下级财务管理保障分遣队提供资金、确定货币需求和补充需求、接收款项、凭单付款、支援被扣押者行动、保护资金安全，以及预防资金诈骗、浪费和滥用。财务管理保障单位将与财务管理保障中心的银行部门，共同与东道国银行机构建立银行业务联系。

财务管理保障单位负责电子商务项目的管理与实施，其中包括对财务管理保障分遣队的项目监督。同时，应当重点关注师财务管理助理参谋长、负责资源管理的助理参谋长，以及应急合同保障小组周边财务管理保障单位的所在位置，该单位在作战合同保障中发挥着重要作用。

财务管理保障单位需要依赖财务管理战术平台，它是一种具备多种软件能力的一体化系统。此外，财务管理保障单位将依赖普通基金企业的业务系统，通过业务系统财务管理保障单位向供应商付款，并实施账务交易。与此同时，财务管理保障单位需要持续地与系统保持连通才能履行上述职责，尤其是在战区开启行动期间体现得非常关键。财务管理行动还需要依赖财务管理战术平台，向国防财会局提交财务电子档案，目的用于支付款项、卖方支援，以及差旅费和军人薪金等。

五、人力资源连

人力资源连对所有隶属或者配属的人力资源排和军邮排负责实施指挥，同时提供计划和技术保障。该连下编一个指挥组、一个计划与作战组、一个保障组。人力资源连的能力取决于配属的各排与分遣队，包括军邮目录服务、整合人员到达或者转移战区、军邮检查，以及伤亡人员联络组或者人员登记统计组。

人力资源连从提供支援的保障旅的人力资源行动股接受行动指导，同时从人力资源行动股及人力资源保障中心接受技术指导。人力资源连和排可获得多种能力配置，具体能力构成将根据任务和作战行动的变量发生变化。人力资源连所属的两个排大概率可能是多功能排和邮政排。

人力资源多功能排具备组成伤亡人员联络组或者人员登记统计组的能力，以执行伤亡人员和人员登记统计任务。人力资源多功能排还能够为战区人员岗位责任指导小组提供加强，同时加强人员将仍由人力资源连负责指挥。

邮政排负责为位于指定保障区域内的所有个人与单位提供邮政保障，或者担任军邮队。即使在运用邮政排作为对军邮队的加强时，邮政排将仍由人力资源连负责指挥。

六、旅通信连

旅通信连负责为保障旅提供 24 小时的信号系统网络的通信保障，旅通信连所属分队(排、组)将在保障旅的指定保障区域内展开部署。旅通信连官兵负责设计、安装、操作、维护,以及为联合企业战区网络保障行动提供防护。

旅通信连负责将防御信息系统网络服务,扩展到位于指定支援区域内展开行动的保障旅下级分队,同时提供基本的网络管理能力。保障旅通信参谋和作战参谋进行协调,确定位于保障旅指定支援区域内通信资产的分配与配置情况。

网络扩展排负责为保障旅指挥所提供支援,覆盖范围扩展排运用三个单信道地面与机载无线电系统无线网络扩展小组,实现保障旅指定支援区域的网络覆盖。同时,该排还运用两个具备指挥所节点的小型指挥所保障组,为保障旅指挥所和另一个指挥所提供有关保障。

专业部队营将与提供各种能力(涵盖整个作战职能)的连及分遣队展开任务编组。专业部队营的任务编组将根据保障旅的具体作战环境而变化,同时编组可能涉及参谋人员不太熟悉的有关能力。专业部队营下编5~7个隶属或者配属单位,专业部队营指挥官和参谋人员面临的挑战之一是需要适应配属单位和指派任务,在数量与复杂性方面存在的问题。清晰的指挥官意图、信息灵通的专业参谋,以及单位之间的团队协作和合作,有助于最大限度地降低挑战的难度,同时营造积极的氛围。专业部队营指挥官和参谋人员需要为训练期间积极氛围的形成及作战行动期间积极氛围的维持做出贡献。

第六章　国外陆军战斗保障支援营

战斗保障支援营是一种多职能的后勤司令部机关,负责控制行动的组织实施和同步后勤行动。战斗保障支援营是保障旅的主要后勤保障营级单位,可根据任务实施灵活调整,从而满足特定任务的相关需求。

第一节　能力与职责

战斗保障支援营是一种编组灵活的多职能司令部机关,在指定的作战区域内负责控制行动的组织实施和同步后勤保障。通过具备各项职能的连、小组和分遣队任务编组而成的战斗保障支援营,负责执行以下任务:运输行动、维修作业、弹药保障行动、补给保障行动、供水行动、油料保障行动、空运行动和丧葬事务。同时,战斗保障支援营是保障旅的基本组成单位,保障旅将在战斗保障支援营基础上形成各项能力。

战斗保障支援营负责运用和控制多达7个隶属与配属的连级规模单位,以实施后勤行动和保障。战斗保障支援营参谋人员负责构建一个指挥所,执行作战流程,并同步为任务需求提供支援的后勤行动。战斗保障支援营负责为旅战斗队、多功能支援旅,以及在战斗保障支援营指定支援区域内执行任务的其他部队提供支援。

战斗保障支援营负责对承担保障后勤需求的单位实施任务编组。战斗保障支援营的任务编组,取决于以下的组织机构:提供行政管理支援的保障旅,提供野战维修和回收支援的维修保障连,提供卫勤保障的区域支援医疗连。

根据情况需要,战斗保障支援营将实施和同步后勤职能,从而为位于战斗保障支援营指定支援区域内的部队提供支援。战斗保障支援营依据所承担的任务,通过任务编组提供具体类型的后勤职能支援。通常情况下,战斗保障支援营与受支援部队之间构成全般支援关系。

第二节　指挥与支援关系

展开部署后,战斗保障支援营通常配属于保障旅。战斗保障支援营与指定支援区域内的所有部队之间构成全般支援关系,除非命令有其他规定。受支援单位包括旅战斗队和旅以上层级部队,如特种作战部队和野战炮兵部队。战斗保障支援营及其下级单位,与受支援单位之间可能构成直接支援关系,但是加强型支援和加强型全般支援较为少见。陆军支援关系使提供支援的指挥官发挥所属部队的能力,从而实现受支援部队指挥官所需要达成的结果。

战斗保障支援营可通过任务编组,为旅战斗队提供支援。战斗保障支援营需要与驻地的旅战斗队形成惯常关系,以此推动训练和领导者培养。战斗保障支援营具备增强旅支援营的能力,同时也具有为旅支援营提供支援的额外能力。战斗保障支援营的任务编组中通常有合成的汽车连,以及能够提供水净化和散装油料储存功能的合成补给连。图 6-1 显示了在整个联合作战区域内,战斗保障支援营所具有的不同支援关系的情况。

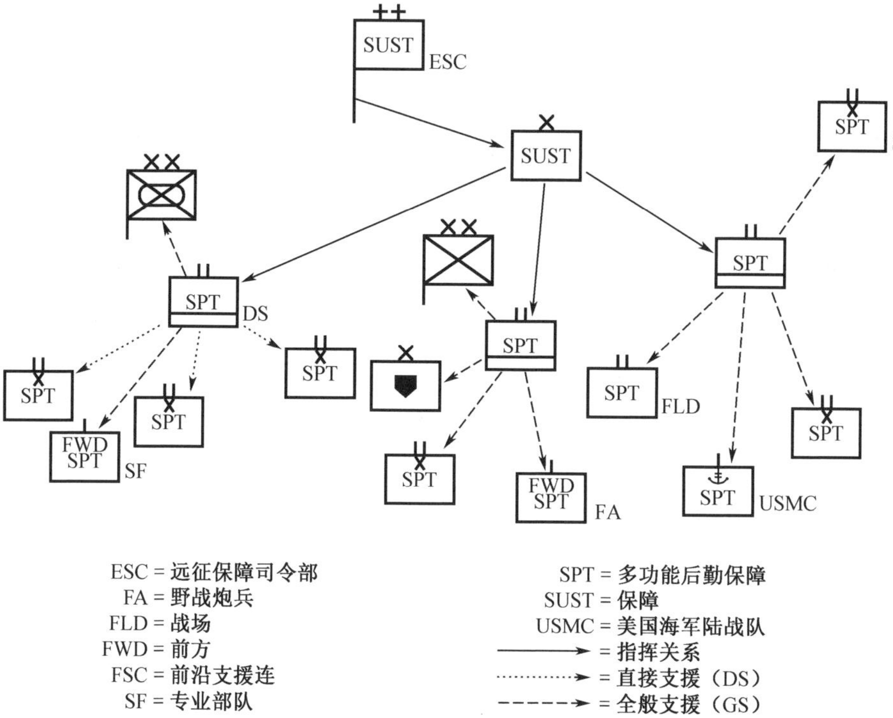

ESC = 远征保障司令部　　　　　　SPT = 多功能后勤保障
FA = 野战炮兵　　　　　　　　　　SUST = 保障
FLD = 战场　　　　　　　　　　　USMC = 美国海军陆战队
FWD = 前方　　　　　　　　　　　⟶ = 指挥关系
FSC = 前沿支援连　　　　　　　　⋯⋯⟶ = 直接支援（DS）
SF = 专业部队　　　　　　　　　　----⟶ = 全般支援（GS）

图6-1　战斗保障支援营支援关系示例

战斗保障支援营可提供通用物资保障,或者通用后勤保障。基于执行机构的职责、牵头军种指定,以及军种间支援协议、交叉服务协议或者勤务支援协议等,战斗保障支援营将负责为其他的军种提供支援。

协议分为正式协议和非正式协议。担任执行机构属于正式的责任,通常由国防部部长指定。勤务支援协议是指在两个军种之间达成的非正式协议,从而保障双方互相提供等价或者实物方式的支援或者勤务。例如,陆军可与海军陆战队达成非正式协议,以此确保在前沿作战基地能够共享餐饮设施或者维修作业。

战斗保障支援营具备有限的战略对接功能,通常与陆军野战支援营进行对接,并通过陆军野战支援营针对保障维修水平进行评估。后勤援助代表常驻野战支援营;战斗保障支援营与陆军野战支援营对接预置库存情况。

战斗保障支援营可通过授权向政府间、机构间、非政府组织,以及多国组织提供支援。对于上述机构的支援工作由联合部队指挥官负责协调和指挥,同时应当在命令当中对所提供支援的内容和程度做出详尽指示。

第三节　组织机构

战斗保障支援营作为一种后勤司令部机关,下编一个指挥组、协调参谋,以及一个司令部连。战斗保障支援营对各种后勤能力实施任务编组,从而为特定的需求提供支援。后勤连、排或分遣队,包括维修、补给、运输模式、终点站和输送控制、殡葬事务,以及野战勤务等。图6-2是对战斗保障支援营司令部机关和参谋的描述。

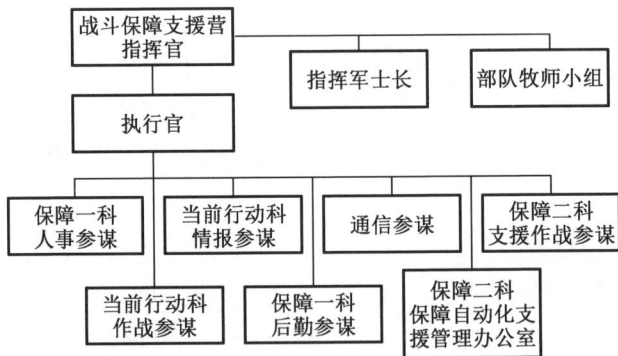

图6-2　战斗保障支援营司令部机关和参谋

保障旅拟制的支援构想可要求战斗保障支援营动态变更任务编组,从而满足任务的相关需求。各个层级通过制定支援构想,将顶层指挥官的意图自上而下传达到最基层的分队。此外,支援构想相互嵌套融合,是明确保障焦点与优先考虑事项的关键路径。当需求发生改变时,可解除支援部队的直接支援关系,或者通过命令重新指定支援或者指挥关系。

一、司令部机关

战斗保障支援营指挥官可向隶属或者配属于战斗保障支援营的所有单位实施任务式指挥,实施作战行动。战斗保障支援营指挥官可塑造独特的指挥风格,以及营造相互理解、相互信赖的部队氛围。

战斗保障支援营指挥军士长是战斗保障支援营的高级现役军人,是该营指挥官的人事参谋人员之一,需要具备专业的知识、丰富的经验及精准的判断力。指挥军士长需要与受支援部队的一级军士长保持联系,并对保障效果实施核查。此外,指挥军士长还负责为战斗保障支援营指挥官,提出涉及战斗保障支援营所有任务的计划、训练、准备和组织实施方面的技术与战术建议。

战斗保障支援营执行官是营指挥官的主要助手,负责监督战斗保障支援营的当前行动分队。执行官负责指挥、协调、监督、训练和同步参谋人员工作,并确保参谋行动及时有效。执行官必须理解战斗保障支援营指挥官的意图,同时确保营参谋人员能够将指挥官意图贯彻落实。执行官负责为战斗保障支援营指挥官提供工具,运用工具对作战行动进行可视化、描述、指导和评估;负责监督所有下级部队状态,并向战斗保障营指挥官汇报。

二、部队牧师小组

部队牧师小组由一名牧师和一名牧师助理组成,负责宗教保障工作的计划、准备、实施和评估,从而为战斗保障支援营全体官兵,以及各项作战行动提供支援。部队牧师小组负责提供宗教保障服务,以满足全体官兵、家属和在编文职人员的需求。战斗保障支援营部队牧师小组随时准备提供宗教服务,以加强和维持部队官兵士气。作为战斗保障支援营指挥官人事参谋的成员之一,牧师可以直接向战斗保障支援营指挥官,以及位于该营作战区域内的其他各级指挥官提出意见建议,主要涉及对作战行动有潜在影响的宗教、道德、种族及部队士气方面的问题。同时,牧师助理也负责履行向司令部和参谋人员提出相关意见建议的职能。战斗保障支援营部队牧师小组在战斗保障支援营指挥官的领导下展开工作,同时与对其承担监督责任的旅部队牧师小组密切配合,从而确保在整个旅作战区域范围内提供的宗教保障及意见建议,实现综合全面、协调一致。战斗保障支援营部队牧师小组将依据营行动流程制定宗教保障构想，并持续将宗教保障构想与营行动流程保持同步，从而保证位于指定保障区域内的宗教保障切实有效。

三、协调参谋

战斗保障支援营的协调参谋机构，包括保障一科、当前行动科、保障二科及通信参谋。保障一科负责战斗保障支援营内部保障工作，下编人事参谋和后勤参谋。保障二科负责战斗保障支援营外部的保障工作，下编支援作战参谋和保障自动化支援管理办公室。当前行动科下编情报参谋和作战参谋。

(一) 保障一科人事参谋

保障一科人事参谋是负责人力资源保障，处理与战斗保障支援营官兵健康、士气和福利待遇相关事务的主要参谋。人事参谋负责协调战斗保障支援营的医疗、宗教、法律保障和司令部官兵利益关怀计划；同时，与后勤参谋合作，负责完成作战计划或者作战命令的保障部分和附件保障。

(二) 当前行动科情报参谋

当前行动科情报参谋是负责情报作战职能的主要人员，负责为当前行动、未来行动和相关计划提供情报保障。情报参谋负责带领参谋人员开展战场情报准备工作，协助作战参谋制订和组织实施情报收集计划。例如，情报参谋为保障作战行动提供的关键情报包括：天气对主要补给线影响的分析报告，以及战术变化对运输车队、补给路线和补给点造成的影响等。同时，情报参谋还负责建立一种情报信息机制，从该营结束运输任务和其他支援任务返回的有关人员处收集、分析和分发信息，包括参与支援任务的承包商和文职人员。每一份情报都需要经过评估，确定其价值，确定情报是否能够满足战斗保障支援营指挥官的优先情报需求。其情报产品也可用于更新作战计划或作战命令中的情报附件，并分发到下级单位的每日情报简报和情报判断。情报参谋负责拟制作战计划或者战斗命令中的附件情报。

(三) 当前行动科作战参谋

当前行动科作战参谋负责训练、作战行动和计划。在战斗保障支援营指挥官的领导下，作战参谋负责战斗保障支援营的保障行动与作战职能的同步与整合。作战参谋还负责对整个计划周期内的当前行动、未来行动和计划综合小组进行整合，同时对当前行动与未来行动进行评估，对每一个区域确定有关责任，并作为团队采取相应的行动。作战参谋负责制定和审核战斗保障支援营战术标准作战程序,以及生成己方部队透明图。

作战参谋人员也包括一名电子战士官。电子战士官负责监督和遂行军事行动,包括使用电磁能确定、利用、减少或者预防敌方对电磁频谱的运用。电子战士官的职责,包括与上级指挥机构保持步调一致,制订电子战进攻计划,采用电子战手段摧毁具备威胁的通信系统;制订电子战支援计划,通过使用电子战探测设备确定威胁位置,为己方部队提供帮助;制订电子战防护计划,利用装备保护己方部队的通信系统及其他电子装备。

作战参谋负责拟制、协调、鉴定、发布、审核和分发书面命令(预先号令、作战命令和补充命令)与计划。战斗保障支援营的支援作战参谋需要与作战参谋密切合作,制定战斗保障支援营的作战构想。作战参谋还负责协助战斗保障支援营的支援作战参谋完成以下工作:展开部队任务编组,计划与实施作战行动警戒,拟制用于战斗保障支援营部署的部队模块包;负责计划并提出建议,将所有的技术与自动化信息手段、当前(或者未来)后勤态势、机动数据和指挥官指示整合到支援计划当中;负责制订部队战术运输计划,包括路线选择、优先机动确定、时机选择、宿营地分配、部队集结,以及起草运输命令。

(四)保障一科后勤参谋

保障一科后勤参谋负责协调战斗保障支援营的战略和战役部署。具体来讲,后勤参谋负责协调内部的补给职能,确定补给需求(卫勤除外),协调物资与装备的请领、采购和储存,保管部队装备清单,以及协助拟制战斗保障支援营的运输计划。

在作战参谋的协助下,后勤参谋负责拟制保障部分和附件持续保障部分的相关内容。后勤参谋负责监督内部的野战给养、资产账簿登记工作、部队弹药基数,以及装备和补给品的请领状态;负责采购与分配设施,以及撰写战斗保障支援营的后勤状况报告;负责管理战斗保障支援营的预算,包括"全球战斗支援系统——陆军"执行管理的资金审批部分。

(五)通信参谋

战斗保障支援营通信参谋,负责该营在指定支援区域内的电磁频谱行动和网络运行。战斗保障支援营可在保障旅范围之外实施远程操作,但必须要保持与保障旅之间的通信联系。战斗保障支援营将建立语音通信,为任务式指挥、车队行动,以及监控、更新和评估后勤态势提供保障。通信参谋负责维护调频无线电和数字通信网络的完整性,保障链路畅通,以及设置备份系统;负责与网络管理、系统管理,以及所有战术自动化系统、软件安全有关的全部任务。通信参谋运用指挥所节点,为后勤网络创建安全的无线局域网。由于战斗保障支援营不具备任何建制内的指挥所节点,因此,需要保障旅提供相应的指挥所节点。通信参谋需要确保保障自动化支援管理办公室的职能在旅电子战计划当中得以体现,从而保证甚小孔径天线终端和无线战斗勤务保障自动化信息系统接口网络的安全和使用。

(六)保障二科支援作战参谋

保障二科支援作战参谋,负责同步在指定支援区域内战斗保障支援营为未来行动提供的后勤保障。参谋机构包括负责运输、维修、补给、燃料、弹药的军官和士官。参谋人员可履行作为签订合同军官代表的职责,从而为满足任务需求提供支援。

支援作战参谋负责为指定支援区域制定后勤保障构想,同步作战行动实现效率最大化,以及确保按命令实施优先考虑事项。支援作战参谋负责计划和协调再补给行动,对于超出战斗保障支援营能力的支援需求,应当与保障旅沟通协调,并由战斗保障支援营负责实施由保障旅制订的分发计划。

支援作战参谋负责为司令部生成和维护后勤通用作战态势图,并运用后勤自动化系统和任务式指挥系统,对后勤行动实施监控。

支援作战参谋包括运输参谋的相关能力,主要负责计划和协调运输行动。同时,支援作战参谋也负责提供签订合同军官代表的保障,从而对合同执行进行监督。

弹药参谋负责监督弹药再补给和分配作业,与配属的弹药军械连紧密合作,以确保为部队提供及时、充足的保障。弹药士官必须清楚弹药需求,控制影响作战行动的物品的补给率,计划和协调弹药行动,履行弹药监督职责,提供签订合同军官代表保障,对合同执行进行监督。

补给参谋包括负责功能油料、水处理及物资管理的专业军士。专业军士负责相关行动的计划与协调。补给参谋负责管理战斗保障支援营补给资源活动和补给点的现有储备,确定相关需求,协调当地采购、物资倒流及补给品分配;负责监督零配件需求,预测零配件的可用性;负责计划和协调油料、水和补给保障活动,履行"全球战斗支援系统——陆军"规定的执行管理职能,以及可担任合同执行时的签订合同军官代表。

维修管理人员对配属战斗保障支援营的维修组织进行维修监督,负责确保战斗车辆、汽车地面支援、通信电子设备、武器装备及导弹装备的一体化维修管理;负责基于未来行动计划,计划和预测维修需求与相关的物资需求,协调处理具备威胁性的装备;负责提供签订合同军官代表支援。

(七)保障二科保障自动化支援管理办公室

保障二科保障自动化支援管理办公室负责为战斗保障支援营提供保障信息技术支援,执行系统管理,包括职能和权限管理。

四、下级组织机构

战斗保障支援营的司令部和司令部连是战斗保障支援营的唯一建制单位,并通过任务编组满足相关的任务需求。图6-3呈现的是设想中的战斗保障支援营。

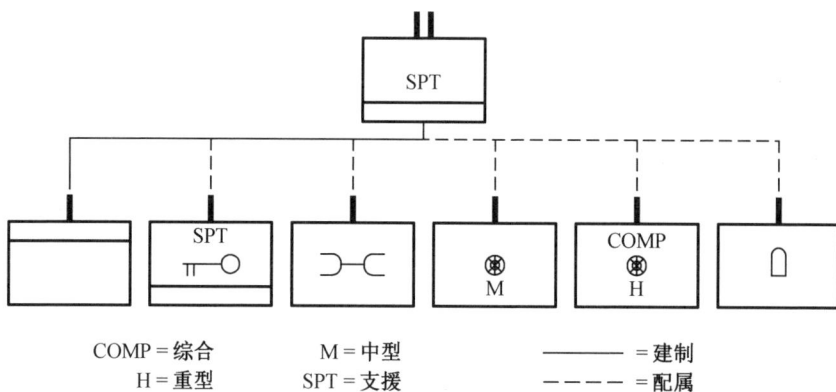

COMP = 综合　　　　　M = 中型　　　　　——— = 建制
H = 重型　　　　　　SPT = 支援　　　　- - - - = 配属

图6-3　设想中的战斗保障支援营

(一)弹药

任务编组时,具备弹药部队的战斗保障支援营将为决定性行动任务提供支援。战斗保障支援营具备的弹药能力,包括弹药的接收、储存、分发和重新配置。某一弹药储存区域将由一个或者多个模块化弹药排负责管理,或者由弹药排与弹药连司令部共同负责管理。战斗保障支援营弹药参谋,负责协调弹药补给点的弹药接收和分发工作。

(二)维修

任务编组时,具备保障维修连的战斗保障支援营将为决定性行动任务提供支援。战斗保障支援营具备的维修能力,包括为在指定支援区域内的部队提供轮式车辆修理、武器修理、盟军交易、无线电修理、计算机与电子装备维修、地面支援装备修理与回收方面的支援。支援作战维修科负责将优先考虑事项提供给保障维修连,协调装备后送到保障维修级别的活动当中,以及协助签订合同军官代表监督合同执行。

(三)一般补给和野战勤务

任务编组时,具备补给和勤务部队的战斗保障支援营,将为决定性行动任务提供支援。战斗保障支援营具备的补给能力,包括为在指定支援区域内的部队提供给养保障、燃料储存与配送、水净化与储存,以及补给保障活动方面的支援。配属战斗保障支援营的连级单位(补给类型)的种类与数量,将由任务需求和受支援部队的不同而有所不同。各军需连或排可隶属于战斗保障支援营,为受支援部队提供野战勤务,如空运、殡葬事务、野战给养、洗衣设备、淋浴设施和水净化等。

(四)运输

任务编组时,具备运输部队的战斗保障支援营,将为决定性行动任务提供支援。战斗保障支援营具备的运输能力,包括为在指定支援区域内的部队提供终点站、模式和输送控制方面的支援。依据指定任务,将确定配属战斗保障支援营的汽车连的数量与类型。

战斗保障支援营是保障旅的组成单位,保障旅将在该基础上展开运行。战斗保障支援营是一种编组灵活、响应及时的司令部机关,负责在指定的作战区域内控制后勤保障的实施与同步。战斗保障支援营作为一种后勤司令部机关,下编一个指挥组、协调参谋,以及一个司令部连,在任务编组时具备后勤能力,从而为具体的需求提供支援。展开部署后,战斗保障支援营通常配属于保障旅。各职能保障连、分遣队和小组可隶属或者配属于战斗保障支援营。通常情况下,战斗保障支援营与在其指定支援区域内的部队之间存在全般支援关系。

第七章 国外陆军战区保障行动

在全频谱行动中,战区保障司令部和其他陆军部队在联合部队的编成内作战,并且常常是在多国或跨机构作战环境中遂行任务。

第一节 战区保障司令部行动

作为战区的高级陆军保障司令部,战区保障司令部的任务是进行战区保障。战区保障司令部是战役战区中的核心陆军后勤指挥控制总部,以及战区陆军(如美国第7集团军、美国第8集团军)或联合特遣部队的高级陆军后勤总部。战区保障司令部的保障任务聚焦于战区内部,能够为战区内或联合部队司令部内的陆军部队计划、准备、实施和评估后勤保障,为陆军的全频谱行动提供支援。战区保障司令部还承担战区配送协调员的职能,负责建立一体化的战区级配送系统,对战区陆军提出的需求做出回应。战区保障司令部通常采用模块化编组,可以编设能够提供多功能后勤的部队,包括补给、维修、运输、油料、港口和终点站行动等。模块化设计使战区保障司令部具备较强的作战灵活性,可根据需求变化组织和提供临时编组的各种支援。其具体的保障任务,如战区开设、战区保障和战区配送,都是运用一个或数个保障旅遂行。为加强指挥控制,提供响应式、敏捷和灵活的后勤保障,战区保障司令部可向前方部署远征保障司令部。战区保障司令部一般在庇护所指挥中心开展工作,其下部署的一个或多个远征保障司令部作为战区保障司令部的前沿而存在。当作战步调、控制范围、冲突级别或作战环境等情况发生变化时,可能会导致战区保障司令部向前方区域部署,通常会重新部署远征保障司令部,或在战役战区内为其分配其他任务。

一、保障行动机构

联合战区范围内的陆军部队得到陆军军种部队司令部战区保障司令部的支援。陆军军种部队司令部一般保持对战区保障司令部资产的指挥和控制,目的是在整个战区内高效整合和同步作战行动。某些情况下,战区保障司令部资产也可能在受援陆军部队的战术控制或作战控制之下。

战区保障司令部在责任范围内可涉及全部军事行动。当发生武装冲突时,可能只涉及战区的一部分。这种情况下,战区作战指挥官可以将冲突地区指定为战争区或作战区。当在某个战区内建立作战区或后续作战地域时,陆军军种部队司令部指挥官要依据陆军部队的要求建立支援的优先顺序,以实现战区作战指挥官的目标。陆军部队和战区保障司令部之间所建立的支援与受援关系,可以让战区保障司令部运用战区范围内的资源,向陆军部队提供及时和迅速响应的支援。

除联合特遣部队、陆军特种作战部队支援分队、美国运输司令部港口管理分队外,战区保障司令部指挥和控制战区内所有旅以上部队的保障行动(卫生勤务支援较少),可实现统一指挥和作战灵活性,以确保人员、装备和补给品的不间断流动。

战区保障司令部的支援结构建立在具体的任务、敌情、地形和天候、可用兵力与支援、可用时间及民事考虑的基础上。随着作战需求的变化,模块化部队的设计可提供有效建设所需能力的手段。此外,战区保障司令部的计划人员要考虑使用东道国支援、根据合同提供的支援与其他军种提供的支援,为战区保障司令部增加兵力结构。图 7-1 所示为设想中的战区保障司令部结构。

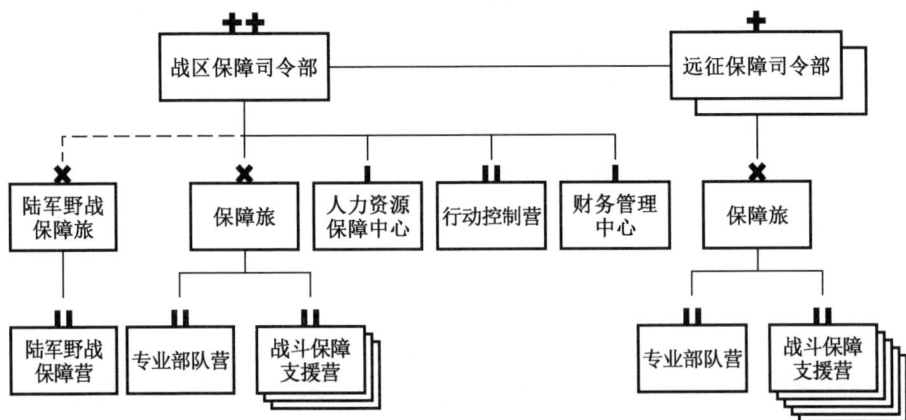

图 7-1 设想中的战区保障司令部结构

战区保障司令部非常有必要在整个战区同时协调和整合部署与保障行动,以支援多个作战区域。图 7-2 是设想中的战区结构。在此情况下,战区保障司令部可以运用多个远征保障司令部,提供前沿指挥和控制,目的是向多个陆军部队提供反应迅速的支援。远征保障司令部指挥官既是战区保障司令部的副指挥官,还要对战区保障司令部配属部队行使作战控制。

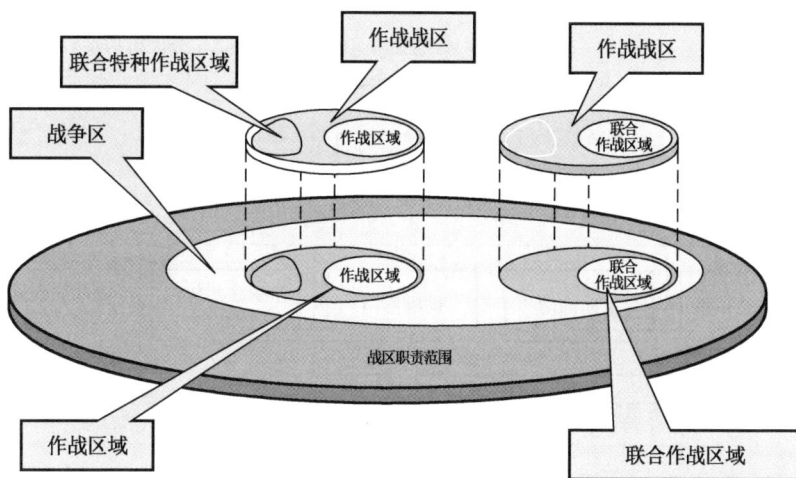

作战司令官可以建立一个作战区域、联合作战区域、联合特种作战区域或外部战争区来应对态势。

图 7-2　设想中的战区结构

　　战区保障司令部参谋机构在任务式指挥程序中的主要作用是制订计划和任务命令。有效的平行和协作性计划制订程序可以形成计划和任务命令,内容包括:通过明确传达指挥官的意图促进任务式指挥;向下属分配任务和明确目的;协调行动所必需的最少协调措施;分配或再分配资源;指导准备工作并建立实施的时间或条件。

　　任务式指挥要求达成对态势的共同理解。战区范围内的态势感知对保持配送系统跨战区部分的平衡是必不可少的,也是全球配送系统协调一致所必不可少的,主要通过陆军与战略、战役和战术级联合伙伴的协作来完成态势理解。问题的关键是战区保障司令部有能力建立和维护通用作战态势图。构想通用作战态势图的手段来自战斗指挥保障支援系统、途中可视化数据、后勤状况报告、战区保障司令部所运用的各种标准化陆军管理信息系统等。

　　保持态势感知和达成统一行动的关键,是战区保障司令部加入战区作战指挥官和下属联合部队指挥官一级的委员会或中心。委员会或中心负责制定政策和设定优先顺序,更好地同步与整合,使资源有效流动,为作战目标提供支援。

　　虽然所有的战区保障司令部参谋机构在支援任务中发挥重要作用,但保障行动部门(见图 7-3)才是战区保障司令部的重心。保障行动部门负责物资管理和分发管理,并在整个战区达成同步的综合战役级保障支援。

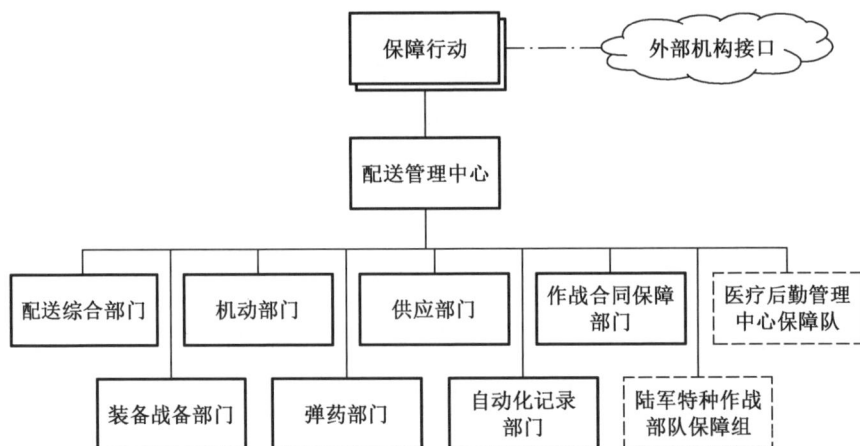

图 7-3 战区保障司令部保障行动部门

保障行动部门,特别是配送管理中心,可以根据任务、敌情、地形和天候、可用兵力与支援、可用时间及民事考虑,或者按照支援与受援协议的要求进行加强,目的是同步需求并高效运用有限资源。例如,战区级第八类医疗库存管理是由医疗后勤管理中心的支援队完成的,支援队与战区保障司令部的配送管理中心配置在一起,负责提供一个医疗部署支援司令部,对所有的第八类医疗战区库存保持可视化和控制,并有能力将第八类医疗配送需求与战区保障司令部控制的跨战区配送系统进行整合。

战区保障司令部保障行动部门充当协调有关保障的所有事务,对象包括:受援部队和主要司令部,其他军种或多国伙伴部队,其他部队主要司令部(包括专业司令部),在战区提供支援的战略级组织,联合委员会、各中心和办公署。

保障行动部门基于以下原因进行协调:确保全面了解指挥官的意图,确保完整的和连贯的参谋工作,在实施前通过调整计划或政策避免冲突和重复,考虑到影响局势的所有因素。

保障行动部门管理战区配送网络,将战略战役级后勤行动联系起来。保障行动部门对配送管理中心行使参谋监督职责,保持配送系统的可视化、实力和控制。配送管理中心通过其内部各部门的协调努力,使用当前和正在出现的信息技术进行控制,使配送管理中心实时准确监督从战略到战术级的支援。

为确保支援的持续流动,配送管理中心保持对所有物资管理员和输送控制员的参谋监督。配送管理中心的分发整合部门负责协调和同步所有人员、设备和补给品在战区的运进和运出。为做好此项工作,配送综合部门依靠协调和补给与机动部门进行信息交换。对下属单位和受保障单位后勤状态的完整感知使配送管理中心能够优化资源,为下属机构分配任务,以保障现在和将来的行动。

装备战备部门对影响部队战备的维修事宜提供参谋监督。装备战备部门确定所保障的司令部的需求并管理维修能力,配有多个保障部门。地面维修部门、电子维修部门及航空维修部门进行维修趋势分析,确定装备维修事宜。装备战备部门负责与战区保障司令部、陆军军种部队司令部和陆军装备司令部的相应单位协调解决方案。

机动部门由空中部门、陆地部门及海洋部门组成,对所有分配的运输资产提供参谋监督,与指定到战区保障司令部或者远征保障司令部的行动控制营进行直接协调。行动控制营对战区所有行动进行协调。机动部门负责与联合战略伙伴(如联合部署配送行动中心)、军事地面部署及配送司令部进行协调,以对战区间和战区内的部署与配送行动进行同步,并且通过运用战区所有可用运输方式,对战区内配送进行优化。

弹药部门对常规弹药提供参谋监督和可视化。弹药部门为所保障的司令部确定弹药需求,管理供应能力,并实施装备管理。

供应部门对除了第五类弹药和第八类医疗以外所有的供应行动提供参谋监督。供应部门对责任范围内的供应(供给、普通供应、工程装备和修理用零部件)实施装备管理。

自动化记录部门为后勤自动化系统和网络建立后勤自动化计划、政策、行动职能、系统战备和维修保障,以保障下属单位。自动化记录部门为后勤信息系统维持地区勤务职能,为下属和受保障单位提供自动化记录保障。

二、联合及多国行动保障

陆军部队参与多国部队持续保障的一个主要目的是最大限度地提高作战效能。在多国行动中,提供和接受的保障必须符合现行法律规定。多国行动有两类,即同盟国行动和联盟国行动。

在多国行动中,本国部队的持续保障主要由该国自行负责。随着与盟国关系的发展,持续保障将被视为一种集体责任。在多国行动中,多国部队指挥官必须对资产、资源和兵力拥有充分的权力,并建立适当的控制机制,以有效完成任务。如果各国独立履行持续保障职能,会导致效率低下、成本高昂,同时还会影响多国部队指挥官支配和优化有限资源的能力。

(一)牵头军种职责

地理作战司令部通常通过中期计划程序,指定牵头军种通用后勤职责,以获取效能,消除冗余。为提供特定通用供应品或勤务,地理作战司令部通常将牵头军种职责指定给主要用户或更有能力的军种。多数情况下,在联合或者多国部队中,由陆军负责为牵头军种提供通用后勤和其他保障。如果地理作战司令部指定陆军军种部队司令部执行此类牵头保障职能,战区保障司令部保障行动将会在联合或者多国行动框架内,负责管理牵头保障职能。牵头军种职能包括:对一类给养、二类被装、三类油料和四类工程补给品供应进行管理;散装水的生产、包装、储存及分配;战区医疗物资的接收、储存及发放;共用用户陆地运输和行动控制;运用旋翼机和车辆进行医疗后送;公路运输交通运输工程;设施建设与维修;财务管理保障;法律保障;爆炸物处理保障;空投装备和系统;部队运送外的过往人员的宿营、医疗及食物勤务保障;环境管理,包括危险物品处理;丧葬事务保障;军邮行动保障;伤亡事故联络;回撤;接收、分段运输和前运。

战区保障司令部对其他军种执行陆军保障职责。战区保障司令部协助陆军军种部队司令部副参谋长、后勤部门和规划制定者等,确定所有牵头军种保障需求,包括联合的、多国的和跨机构的需求,确保稀有资源在战区内得到配送。战区保障司令部运用配送计划中可用部分,对其他军种战区级司令部的保障职责进行同步。

(二) 多国保障

后勤保障属于国家职责。然而,每个国家分别执行后勤职能,效率低且成本高,并会阻碍多国部队指挥官对行动的控制力。美国作为多种联盟和多国论坛的成员,已制定多国保障原则和程序,如为保障多国后勤行动制定联合行动协定和国际标准协定。参与多国行动时,部队将遵守行动前批准的国际协定。

当需要非正式联盟或者多国论坛成员国参与军事行动时,后勤规划者必须参与制订初始计划,协助规定联合保障条款。为取得多国行动的成功,必须给予多国部队指挥官充足权限管理后勤资源,以确保作战的优先等级得到有效保障。多国部队指挥官所拥有权限的程度取决于现行协定,以及同参与国按照作战环境或作战计划进行协商的特别协定。

多国部队指挥官主要的后勤任务是为作战行动开发整体后勤方案,包括针对特定后勤职能的方案,在参与的国家授权范围内,管理多国部队的通用后勤保障。

对于规模较小的多国部队行动,多国部队指挥官通常组织多国部署和保障参谋部门,以促进多国行动的协调和保障。对于规模较大或复杂的多国行动,则要求更多的协调与通用保障,多国部队指挥官会建立多国联合后勤中心或多国综合后勤单位,对多国部队后勤活动进行计划、协调。其基本的计划考虑包括：多国部队组成，兼容性，东道国保障限制，作战区域整体基础设施环境，合同，信息交换协定。

多国联合后勤中心包括各种职能协调中心，对通用保障勤务提供集中协调，如行动控制、合同、东道国保障，以及散装石油与口粮的提供。除职能性协调任务外，多国联合后勤中心可负责协调各个国家提供的后勤工作，为多国部队提供战区级、战役级通用保障服务。多国联合后勤中心在联合后勤部参谋部参谋的监督下进行行动。

在领导的多国行动中，由联合部队司令部管理联合后勤，并使其适应多国环境。其方法包括：使用主要的军种机构作为核心的行动后勤组织机构，管理共用需求；利用牵头军种，为多国部队提供通用后勤服务。不管使用何种方法，多国部队均需获得增援，以保障多国后勤行动。

虽然后勤属于国家职责，但为获得行动的经济性，避免重复和浪费，可在多国行动中不同程度地通用后勤保障。例如，按照战区需求和每个国家的能力，美国军种、联盟和多国合作伙伴划分自身职责，以提供装备和勤务。多国合作伙伴必须统一工作。多国的通用后勤保障，是通用某些后勤职能的有限合作，如按照任务、敌情、地形和天候、可用兵力与支援、可用时间、民事考虑和部队指挥结构，提供散装石油、水、一类给养补给品、行动和行动控制、港口安排和行动、应急合同、工程和设施共享。

作战司令部选定的通用后勤保障的牵头国家，一般为行动中的主要贡献国，以保障全部多国部队，或使其以专家国身份为特定的通用项目提供保障。专家国的任务是同意承担职责，并为多国部队提供特定级别的供给或者服务。按照惯例，陆军承担通用后勤相关任务。在这种情况下，战区保障司令部将会在为多国部队提供通用后勤保障中，承担重要职能。

保障多国行动困难重重。潜在问题的区域包括：通用保障、环境考虑，以及国家资源限制的军种、联盟或多国成员内部的语言、文化差异、条例差异、术语和定义、需求计算方法、机动、互通性、基础设施和竞争。此外，多国保障还受制于国家财政预算，会计系统需要确保相应的国家或者国际机构，能够将接收的后勤保障合理记账。战区保障司令部必须掌握潜在问题，在条件允许的情况下，需对此类问题进行协商，并在计划与执行的过程中予以考虑。

战区保障司令部与多国部队的关系是保障与被保障关系。通常情况下，多国部队指挥官确定优先等级、位置、时间及周期，确定保障要求。战区保障司令部指挥官在提供保障的过程中，确定所部署的部队、方法及程序。如果战区保障司令部指挥官受制于现有能力及其他指定的任务，不能完成多国部队指挥官要求时，由通过执行协定选定的指挥官，负责决定解决方案。保障与被保障的指挥关系为战区保障司令部提供所需的控制能力,以高效操作配送系统中的战区部分,同时为陆军、联合部队及多国部队提供响应性保障。

战区保障司令部与多国联合后勤中心平行的协作计划,在为多国部队提供响应性的、灵活的通用后勤保障中发挥重要作用。对于维持配送系统中的战区部门平衡,有效分配利用限制性通用后勤资源尤为重要。

联合行动中的一些相同机制也会使用在多国行动当中。在多国行动中,需要特别注意的一个方面就是合同商所提供的保障,这代表每一个国家的每一支军种部队都可以获得合同商所提供的保障,从而带来竞争性。战区保障司令部的规划者必须与多国部队中与担任相同职责的人员进行合作,计划分享战区保障及东道国合同以减少对合同商所提供保障的竞争。确保由合同商所提供的保障可以合理惠及所有参与者。

(三)跨政府机构、非政府机构及国际机构合作

在战区内,地理作战司令部作为指导中心,负责计划、实施地区军事战略,该战略需要与跨政府机构、非政府机构和国际机构合作。

通常地理作战司令部组建军民关系行动中心,以促进其他机构、组织及东道国之间的合作。统一行动有助于取得任务的成功,减少困难。军民关系行动中心的主要任务包括:就军民关系行动,执行地理作战司令部指导方针及决定;为军事及其他参与组织提供合作关系论坛,以满足民众需求;接收、确认并协调来自跨政府机构、非政府机构及国际机构的日常和紧急的军事保障需求。

政府机构、跨政府机构、非政府机构及国际机构自己提供后勤保障。但在合作中,经常需要向相应机构提供国家的军事后勤能力,通常包括战区间与战区内空运、人员地面运输、装备与供应、机场控制组、港口与铁路终点站行动组等。

三、接收、分段运输、前运与整合行动

接收、分段运输、前运和整合是一系列复杂的过程,涉及地理作战司令部及其军种部队司令部、战略联合伙伴。为实施高效的接收、分段运输、前运与整合行动,从战略到战区的无缝衔接十分必要。统一指挥、同步和平衡三项基本要素是战区作战指挥官实现从战略到战区无缝衔接的手段,也是快速集中与释放战斗力的必要条件。

统一指挥可以让人员、补给品和部队同步通过卸载港,并将部署的部队转变成能够满足战区作战指挥官要求的部队,从而迅速聚集战斗力。运用先进的信息网络,可将所有要素紧密联系在一起,并提供访问相关信息和数据的手段。

同步是将人员、补给品和部队及时连接在一起的过程。同步要求制订具体的和连续的计划,预测空中和海上运输流,保持资产在配送系统中运输可视化,以及有能力调整时间表。同步运输流有助于避免关键节点和补给线沿线的瓶颈,保持整个配送系统的平衡。

部署和战区配送关系的核心是平衡。为了取得平衡,部队、装备和物资在跨战区和战区系统内的运输必须予以规定,使部队、装备和物资的流动是连续的和可控制的。为达到此目的,受援地理作战司令部全面负责计划接收、分段运输、前运和整合行动,但其实施职责可以交给联合司令部或军种部队司令部。无论是哪种情况,陆军军种部队司令部在接收、分段运输、前运和整合行动中都是极为重要的,因其担负主导用户和陆军执行机构的职责。

战区保障司令部作为负责战区部署和保障的高级陆军司令部,能够通过建立战区基础设施高效实施接收、分段运输、前运和整合,综合现有的和可部署的资产,能够支援部署过程和快速兵力生成,依赖于得到战区开设分队加强的下属保障旅,以执行卸载港支援行动,提供生活保障,执行战区配送行动。医疗司令部(部署保障)为陆军提供医疗保障。在特定的任务、敌情、地形和天候、可用兵力与支援、可用时间及民事考虑条件下,战区保障司令部也可部署一个或者多个远征保障司令部,提供任务指挥与控制,对接收、分段运输、前进、整合行动或战区配送行动进行监督。

在战区保障司令部编成内,保障行动部门对战区的接收、分段运输、前运和整合行动进行参谋监督;与下属司令部、战略司令部、联合司令部共同协调、同步接收、分段运输、前运海运,以保持补给品、人员、装备和部队的平稳流动,并与战略空运能力、陆军军种部队司令部、地理作战司令部优先事项保持一致。

战区保障司令部与战略司令部、联合司令部之间协作制订计划和进行协调,对于战区保障司令部同步和整合跨战区部署和配送行动尤为关键。计划制订和协调工作可以为战区保障司令部提供成功开展以下工作的手段:监督空中运输和海上运输的流动情况;对即将抵达的补给品、人员、装备和部队提供输送控制;建立满足预期运输和吞吐量所需的战区范围能力;提供生活保障;在军种部队和战略供应方之间建立有效的联络;确认东道国的需求。

四、战区配送

配送是延长作战持久力的主要手段。配送是同步后勤系统所有要素的行动过程,在"正确的时间"向"正确的地点"运送"正确的物资",从而保障地理作战司令部。此外,配送还是向机构、部队或营房分配军事人员的过程。配送系统是由设施、设备、方法和程序构成的复合体,用于接收、储存、维护、分发、管理和控制军用物资从进入军事系统接收站至使用机构或单位发放站之间的流通。配送系统的联合部分又称"全球配送",是指将满足联合需求,运用联合部队同步和整合的过程。全球配送通过提供国家资源(人员和物资)来保障联合作战行动的实施。

陆军配送系统又称为"战区配送",是指装备、人员和物资在战区内的流通,以完成作战司令部的任务。战区配送从卸载港或补给源(战区内)延伸到需求点(单兵)。战区配送通过配送管理系统来实现。配送管理系统负责同步和协调各种网络(物联网、通信网、信息网和资源网),以及持续保障作战,以便响应作战需求,并迅速予以保障。配送管理包括运输与输送控制管理、仓储、库存控制、订单管理、场所与位置分析、包装、数据处理、装备统计(物资管理)、人员和通信。医疗物资的配送管理由卫生后勤管理中心派出的保障小组负责。卫生后勤管理中心保障小组与战区持续保障司令部或远征持续保障司令部的配送管理中心合作,使陆军卫生部实现对所有第八类医疗补给品的实时可视和有效控制。陆军配送系统的设计可用以优化基础设施,使保障按既定的时间运输。有效的配送管理可对配送管理系统中各子因素进行同步与优化,方法包括:增加集装箱运输,增加标准运输和装备运输设备,整合所有可用运输模式的回撤行动,减少储存,减少运输模式转移运输需求,增加作战区域、联合作战区域的途中可视化等。

战区保障司令部是全球配送系统战区级的配送管理者。在配送管理中,战区保障司令部的主要作用在于确保整个配送系统战区级的供应、人员和设备的无缝流通;在合适的时间,将准确数量的资源运送到指定的地点。在某种程度上,战区保障司令部通过同联合部署与配送中心及被保障联合参谋部后勤部密切合作来完成任务,并通过使用有效的途中可视化,监控配送任务。战区保障司令部按照陆军军种部队司令部后勤参谋规定的优先等级,执行配送行动。如果得到部署,远征保障司令部在本司令部特定作战区域或者联合作战区域内,发挥配送管理者的作用。远征保障司令部及保障旅按照战区保障司令部的指导方针,对配送行动进行监督、追踪和执行。当战区保障司令部作为联合后勤中心时,联合部署与配送中心将同战区保障司令部配送管理中心合作,并协助战区保障司令部对配送和部署进行联合监督。

在特定的任务、敌情、地形和天候、可用兵力与支援、可用时间及民事考虑条件下,远征保障司令部与其他远征保障司令部或保障旅之间存在保障关系,以保障其他特定作战区域或联合作战区域。

作为战区配送管理者,战区保障司令部以战区为中心,参与并与负责竞争优先等级和限制性资源分配解决方案的相应联合后勤委员会、中心或局进行合作。战区保障司令部配送管理者与保障司令部、被保障司令部执行平行协作计划，根据陆军军种部队司令部的优先等级和被保障指挥官的需求，推进配送行动的有效执行。

远征保障司令部在其指定的作战区域内外承担相同职能，与战区保障司令部和被保障的联合参谋部后勤部或后勤参谋相协调，更新指定时间的运输计划和配送的优先等级。远征保障司令部也收集、分析途中可视化配送信息，监控作战区域、联合作战区域的配送流通。

战区保障司令部和远征保障司令部配送管理中心在配送系统内同步行动，加强了工作能力和后续保障能力。远征保障司令部对运输的各个方面进行管理，包括空运、陆运和海运资产的有效使用。配送管理中心与保障司令部、被保障司令部保持连通，使用所有可用手段，建立并维持通用作战态势图。

战区保障司令部和远征保障司令部的物资配送任务包括：在配送网络中维持战区配送资产的可视化；调度跨级配送资源，以满足需求，优化配送流通。

战区保障司令部对护航行动维持态势感知，与保障机动加强旅、联合安全协调中心或其他陆军部队进行协调，选择护航路线。开发地面配送系统时，配送管理中心应考虑识别、评估并对比促进和控制护航行动的因素，如行动限制、道路等级划分、交通流量、交通堵塞点及休整驻扎。对沿途的现有敌情进行深入理解，包括对危险区域及潜在埋伏点的确认。按照威胁等级，战区保障司令部或远征保障司令部，与保障机动加强旅或地形管理者进行合作，就一级、二级威胁进行协调响应。

根据需要，战区保障司令部配送管理中心建立配送管理委员会或者列席联合运输委员会，确保配送管理程序与战区级委员会相连。战区保障司令部配送管理中心检验现行作战行动，以确保战场上作战指挥官决策的行动能够取得成功。

战区保障司令部配送管理者的职责：通过从常规后勤状态报告中获得的后勤态势感知，同步装备与行动管理；确保战区配送资产的可视化，包括集装箱运输国际标准化机构、空运平台及货盘化装卸车平板托盘；执行由陆军军种部队司令部或者地理作战司令部制定的战区优先等级；与战区保障司令部参谋、保障参谋、被保障参谋保持联络，以确保装备、部队、人员、邮件及其他物资的不间断流通；利用集装箱运输国际标准化机构、海运平台及空运平板托盘，按照优先权将保障倒流到配送系统；直接同联合部署与配送中心、战区航空司令部或者指定的航空旅负责行动的副参谋长或作战参谋进行协调，通过旋翼机或者固定翼飞机调动物资；就保障配送行动中使用无人驾驶飞行空中系统和空中运输，向指挥官提供咨询。

五、行动控制

战区保障司令部指挥和控制战区内战役级的输送控制和多种输送方式的行动,负责制订计划、政策和程序,为高效使用陆军运输资产提供支持,也为补给品、人员、装备和部队在战区内配送系统中的高效运输提供支持。战区保障司令部通过同联合部署与配送中心的有效协调,以保持对全球配送系统和共用后勤地面运输资产联合需求的态势感知,从而完成工作任务。

战区保障司令部通过其下属输送控制营管理战区内的输送,执行陆军军种部队司令部建立的优先顺序,为地理作战司令部的作战构想提供支援。关键的战区保障司令部的任务包括:平衡配送系统的现有运输能力与每日计划的作战需求;准备输送控制、运输方式和终端行动的判断、计划、政策和程序;通过保持对转运节点待转运资源的可视化,从而管理运输流动容量;协调主要部队的输送;制定政策和程序,以便控制、管理和加快完成联合运输资产(如租借的集装箱、平板货车和 463 L 货运托盘)在战区内的输送;同联合部署与配送中心、港口开设联合特遣部队,以及东道国的运输机构、运输方式经营机构和受援部队保持联络;保护运输控制资产。

为了更高效地控制战区范围内的输送,战区保障司令部可以决定将战区划分为数个交通运输区域。这种方法可以让战区保障司令部进行集中控制,由下属输送控制营分散实施输送。

除了促进部队、补给品、装备和物资沿主要和预备补给线协调一致的运输,输送控制营要通过其下属输送控制队执行输送控制职能,地点包括空运卸载港、海运卸载港、配送中心和其他关键节点,以便加快完成港口清理,并提供不间断的资源和能力,为陆军需求提供支持。

按照战区保障司令部的计划和政策,输送控制营负责管理战区内配送系统中所有的拖车、集装箱、航空托盘和平板车,并与用户进行协调将其返还到配送系统中。"沙漠风暴"行动、"沙漠盾牌"行动和"伊拉克自由"行动的经验教训表明,联合运输作业特别容易受到集装箱管理政策的影响。战区保障司令部配送作业要保持集装箱的可视化和控制,对完成任务至关重要。遵守战区保障司令部的政策将确保有充足数量的集装箱用于支援战区内配送系统的需求。

六、装备管理

战区保障司令部为陆军军种部队司令部提供集中装备管理能力,通过减少冗余的装备管理层、集中装备管理职能、以战区角度审视资源来提高效能及效率,提高对陆军需求的响应保障速度,减少用户等待时间。

战区保障司令部,为其控制的和承担职责的行动,提供各种物资管理和装备维修管理。战区保障司令部人事部门负责日常行动计划,提供战略与战役级保障的对接。战区保障司令部装备管理职责包括:管理、编目、计划需求、核实需求、确定采办配送及多余物资再分配的优先登记、回撤装备。战区保障司令部按照陆军军种部队司令部后勤参谋制定的政策、计划、优先等级和分配参数执行职能。此外,整合保障维修行动,保障陆军军种部队司令部需求,是战区保障司令部固有的维修管理职责,包括与陆军装备司令部或者其他可控制、可监督此类实体的部队进行协调。

陆军装备管理者实施基本后勤信息系统精简程序,对指定到模块部队和"全球作战保障系统——陆军"的装备管理结构进行确定。保障旅的装备管理为一级管理。远征保障司令部和战区保障司令部的装备管理分别为二级和三级管理。一级管理:在"全球作战保障系统——陆军"内,保障旅装备管理拥有高度互动的指挥管理职能,同时也具备对供应保障机构和部队的质量监管、监督职能。二级管理:在"全球作战保障系统——陆军"内,战区保障司令部和相应级别装备管理,具有较少的互动指挥管理职能,较多的对一级装备管理者的管理质量进行监管、监督的职能。三级管理:战区保障司令部、陆军保障司令部、国民警卫队装备管理中心及相应级别的装备管理,较多的是对一级、二级装备管理者的管理质量进行监管监督。

按照陆军军种部队司令部保障优先等级,战区保障司令部对接收、储存和发放战区储备进行指挥。当所需储备缺乏或者需要补充时,战区保障司令部将需求传递至本土国家库存物资控制站。当需求考虑本地采购时,战区保障司令部在将需求传送至本地采购机构前会确认需求。

按照标准作战程序,需求直接从申请单位传递至由战区保障司令部装备管理者控制的系统。军队、战区自动化数据处理勤务中心指挥保障旅,按照自身能力满足需求,或者将该需求传送至相应的国家库存物资控制站。该操作程序,使战区保障司令部获得战区资源和战区能力,满足陆军需求。利用资产的可视化,不仅可降低储存量,还可将战区要求的储存量降至最小。

集中装备管理的方式并非独有。如果远征保障司令部得到部署,保障旅也同样具有独特的装备管理职能。远征保障司令部的装备管理能力主要聚焦于保持对作战指令状态的感知,使得在责任范围、作战区域及联合作战区域内有效的配送管理得以实现。同样,保障旅装备管理能力主要体现在对下属保障机构的管理,负责为旅所在区域的保障任务提供保障。

战区保障司令部装备管理者负责对供应机构的计划、政策、方案和程序进行开发,维持并保障与受保障单位的联络,根据保障任务需求,推荐资源配送和装备管理。

三级战区保障司令部装备管理职责:聚焦责任范围之内;利用后勤信息系统,执行各供应类别的战区管理,医疗与非军用物资补给品除外;与国家供应方进行协调;向远征和保障旅下达装备指令;实施管理者对文件审核监督的职能,审核商业工厂信息;推荐通用及航空修理用零件的跨级使用;建立和管理军队、战区数据自动化处理勤务中心参数;协助加快重要物资配送;就所管物资问题,提供用户服务;就所管物资配送状态与配送整合、机动部门进行协调;根据陆军军种部队司令部保障优先等级,指挥战区储备的接收、储存和发放;将需求传送至相应的国家库存物资控制站;提交至本地采购机构前,确认本地采购需求;确定需回撤物资,对基地级可维修装备下达指令;在回撤系统中,追踪物品流通;管理监督,对保障机构及保障行动中的工作进行审核,确保相应的效率等级;剩余管理,监控保障机构剩余库存状态;老化可维修零部件监控保障机构,确保可维修零部件在指定时间内上缴;确保逾期未交付货物得到及时有效的解决;按需求制订计划并审核,包括启动核定部门、预测程序(需求分析),制定核定库存清单。

二级远征保障司令部装备管理职责:关注作战、联合作战的重点区域;根据战区保障司令部指挥,执行指定类别供应的装备管理;协助加快重要供应配送;管理监督,对保障机构及保障行动中的工作进行审核,确保相应的效率等级;剩余管理,监控保障机构剩余库存状态;确保可维修零部件在指定时间内上缴;确保逾期未交付货物及时有效解决;确保相应的供应能力和用户保障;按需求制订计划并审核,包括启动核定部门、预测程序(需求分析),制定核定库存清单。

一级保障旅装备管理职责:关注保障区域;对保障作战区域内部队的供应配送,进行监控、建议和协调;执行战区保障司令部装备指令;管理散装物资和弹药补给品;发布战略管理文件(在陆军标准零售供应系统中被称为"管理者审核文件");管理监督,对保障机构及保障行动中的工作进行审核,确保相应的效率等级;剩余管理,监控保障机构剩余库存状态;确保可维修零部件在指定时间内上缴;确保逾期未交付货物及时有效解决;确保相应的供应能力和用户保障;按需求制订计划并审核,包括启动核定部门、预测程序(需求分析),制定核定库存清单。

七、提供保障

(一)供应

任务决定保障需求,并受到部署时间、部队密度、基础设施、地理及战区政策等因素影响。战区保障司令部参谋,在制定保障方案、满足陆军军种部队司令部需求时,需要考虑上述因素,以及被保障的指挥官优先等级和可用资源的状态。

通常在行动早期,战区保障司令部按照对可用保障计划、受保障指挥官的优先等级和影响计划因素的分析,为受保障单位制定供应类别(给养、油料、弹药)优先等级。战区保障司令部,按照陆军预置物资,满足保障激增的初始需求。在行动初期,领取制度大概率得到采用,随着配送能力扩大,基于预期和实际要求的交付制度得以实施,以取得更大的效能与效率。

战区保障司令部提供所有类别供应(很少有医疗供应)及所需的相关勤务,以在数量、时间及地点上保障陆军部队需求。此能力包括申请、接收、生产、采办、储存、保护、转移和发放必要供应和勤务,还包括在分段运输地域建立储存标准,以实施作战行动,收集、提供与处理途中可视化数据。

(二) 勤务

战区保障司令部负责为部署的陆军部队提供计划、资源、监控及野战勤务保障分析。战区保障司令部野战勤务行动包括野战洗衣、淋浴、轻纺和服装修补、兵力提供、丧葬事务、空运保障,移除危险废弃物,并与国防后勤机构相协调。

勤务,如淋浴和洗衣保障由战区提供,也会为旅战斗队保障行动提供响应式靠前保障。兵力提供资产在战区重要节点使用,为进出战区的部队提供生命保障勤务;兵力提供设施包括就餐设施、淋浴房、洗衣房和宿营设施。

战区保障司令部,通常会与联合丧葬事务办公室协调,确定陆军战区丧葬事务资产需求及放置。对需求及放置考虑,包括陆军军种部队司令部负责行动的副参谋长提供的伤亡估算、部队结构及丧葬事务保障方案。在应急行动中,部队通过位于责任范围内的运送站实施转运。战区丧葬后运站负责协调,旅丧葬事务军士或者其他授权的代表,将使用丧葬事务报告与追踪系统,追踪后运过程。战区保障司令部计划,确保有充足的能力回撤个人财物,不仅针对在行动中阵亡的,还包括在行动、物资运输、隔离、监禁,以及未能预料的战区突发重伤人员。

(三) 维修

战区保障司令部是部署在责任范围、作战区域及联合作战区域的陆军部队船艇维修管理者。战区保障司令部负责收集、分析并监督下属单位和受保障单位的战备数据。因此,战区保障司令部能够根据陆军军种组成部队指挥官优先等级,有效管理部队和系统的维修保障。除战区保障司令部能力外,通过陆军野战支援旅,将系统问题移交至相应的国家级维修管理者进行解决。

作为部署的陆军部队维修管理者,战区保障司令部根据陆军军种部队司令部需求,就地面试验的导弹和航空器材维修,制定政策、计划、方案和程序,以通过野战和保障维修能力的有效运用扩充战备。战区保障司令部维修管理者与陆军野战支援旅密切合作,确保为陆军部队提供有效的维修保障,为系统问题及特殊作战环境中的相关问题进行战备数据分析,如环境条件和使用水平。战区保障司令部维修管理者与陆军野战支援旅的合作也为整个责任范围、作战区域及联合作战区域的陆军装备司令部保障维修能力的有效使用奠定基础。

战区保障司令部野战维修行动,包括对维修数据和报告的收集和分析,使得战区保障司令部能够执行与特殊类型装备维修和特殊部队保障相关的陆军军种部队司令部优先等级。战区保障司令部维修管理者能够采取行动,确保作战系统保持完全任务能力。战区保障司令部的行动包括发布技术信息,分配、重新分配资源与能力等,以保障需求。

(四)行动能源

行动能源是能源、相关系统,以及军事行动中训练、运动和保障部队、系统所需信息与过程的总和。各级指挥官必须强化行为,运用实用技术方案,减少能源浪费,更有效地利用能源。因此,在任务计划与资源配置过程中,应对能源加以考虑,并在任务执行阶段予以监控,能够降低供应与维修需求,以及相关风险,解放人员使其能够参与其他任务,增加行动耐力,提升行动安全与作战效能。

目前,多数军事行动仍以石油作为主要能源来源。然而,石油在经济、战略和环境等方面存在弊端,且单一的能源来源,加重了能源安全的风险性。能源安全指对各种能源的可靠供应,拥有确定使用权和充足能源,以满足行动需要的能力。通过多样化的能源来源,借助科技手段,采用严密的保护措施,指挥官能够拥有更为可靠、确定的能源供应,以执行任务。

(五)作战合同保障

作战合同保障在军事行动中,发挥着越来越重要的作用,是获取保障不可或缺的组成部分。当前和可见的未来,将频繁使用合同保障,为所需供应和勤务提供额外来源,增强其他保障能力。作战合同保障包括各类供应(医疗补给品供应遵从医疗人员的批准、维修零部件供应可能受到限制)、劳工、丧葬服务、洗衣、淋浴、就餐设施服务、卫生、运输及港口行动(在未接受军事地面部署、配送司令部或空军机动司令部控制的情况下）。此外,其他合同规定的勤务有宿营、维护与修理、打印与复印机保障、设备出租、通信网络的使用、临时固定资产出租,以及局部次要建设等。目前,主要有三类合同保障:战区保障、外部保障和系统保障。

战区保障合同,按照预先安排的合同与任务区规定的合同,通过合同保障旅任务式指挥的合同官,对部署的行动部队提供保障。通常,战区保障合同可通过本地商业物资、勤务及小规模建设保障,满足行动指挥官的紧急需求。

外部保障合同,为部署的部队提供各种保障。外部合同保障可指预先设定的合同,也可指在保障任务的应急行动中签订的合同,可包括本国公民、第三国国民及东道国分包商雇员。最大及最常使用的外部保障合同为后勤文职人员扩编计划。该计划通常用来为部署的陆军部队和其他联合部队提供生命保障、运输保障和其他保障。

系统保障合同,是由陆军装备司令部的寿命周期管理司令部和助理陆军部长(采办、生命周期后勤和科技)等计划执行机构与产品项目管理办公室提供的预先合同,包括但不限于新野战武器系统、任务式指挥基础设施,如陆军作战指挥系统、标准陆军信息管理系统及通信器材。系统合同商,大部分由国家公民组成,为卫戍部队提供保障,也可在训练和实战行动中对部队进行部署。他们可在初始野战系统中提供临时保障,被称为"临时合同保障",也可为选定的装备系统提供长期保障,通常被称为"合同商后勤保障"。

战区保障司令部是负责保障陆军军种部队司令部部署与保障需求(较少医疗勤务保障)的首要陆军层级司令部。就其本身而言,战区保障司令部在战区保障合同的计划、执行及监控方面发挥核心作用。主要职责有采办审核委员会或联合采办委员会的成员资格。采办审核委员会对合同保障计划的合同保障要求和作战司令部、下属联合司令部及陆军军种部队司令部的优先等级进行审核;与陆军军种部队司令部后勤参谋、合同保障旅指挥官及陆军野战支援旅(本土外)协调,协助合同保障计划发展;将合同保障计划纳入战区、作战区域或联合作战区域的保障计划;与陆军军种部队司令部后勤参谋、合同保障旅指挥官及陆军野战支援旅(本土外)协调,对战区合同需求进行决策、确认和确定优先等级;为战区控制的采办指定物资;与陆军军种部队司令部负责行动的副参谋长或后勤参谋、陆军负责行动的副参谋长、合同保障旅指挥官或负责合同的首席助理,以及陆军野战支援旅(本土外)协调合同商整合计划、执行和追踪。

对战区保障司令部最大的挑战是确保战区保障和外部合同保障(主要是后勤民力增强计划相关保障)行动恰当融入并同步全部保障方案。因此,战区保障司令部保障行动,与陆军军种部队司令部后勤参谋、合同保障旅及保障分队——后勤民力增强计划——前沿密切合作,显得尤为重要。当面临主要作战合同保障管理任务时,战区保障司令部指挥官可选择在后勤参谋或保障行动中,组建特别的合同管理组织,以确保科学地完成任务。日常的战区保障司令部作战合同保障参谋任务包括以下四个方面。

开发战区内需求。战区保障司令部做好准备,将开发的采办战备需求包提交至保障合同机构。需求包必须包括勤务需求的详细工作性能陈述(有时称为"工作陈述")或物资需求的详细物品性能介绍,以及单独的成本估算、资源管理参谋批准的陆军部采购请求和评述。根据陆军军种部队司令部或者联合特遣部队的政策,某些物资或者具体金额请求需要采办审核委员会对需求包进行正式的审核。

协助合同管理过程。战区保障司令部及下属战区保障司令部合同管理的首要任务,是对每项勤务合同及后勤民力增强计划任务式命令,指定并追踪合同官代表。战区保障司令部及下属司令部也需要为供应合同提供接收官员。质量合同官代表和接收官员,对于确保合同商按照合同提供勤务和物品起重要作用。

协助合同收尾。战区保障司令部负责完成接收报告,确定陆军接收到合同规定的物资与勤务。合同官收到战区保障司令部接收报告的副本,合同才算完成,合同商才能获得货款。

参加奖励费用与性能评估委员会。战区保障司令部或其下属部队需要向后勤民力增强计划奖励费用与性能评估委员会,提供正式投入。

在长期行动中,在权限解除、转移前,战区保障司令部需要确保直接协调和行动合同保障相关信息的转移。此外,当先遣部队进入战区,指定部队的人事部门需要主动找出有关本地合同保障能力、政策及程序的现有信息。相关部门人员必须做好准备,与重新部署的部队,就现有合同管理职责协调正式交接。

(六)财务管理保障

战区保障司令部对财务管理能力进行整合,为整个战区作战行动的协调、同步财务管理保障奠定基础,可确保财务管理保障的一致性,以及一切可用资源与勤务的充分利用。财务管理职能,通过财务管理中心和战区保障司令部负责财务的副参谋长实施与协调。财务管理的核心能力是采办保障、有限付款保障、支出保障、会计保障、银行业务及货币保障、确定获取分配,以及控制资金、开发资源需求、追踪分析和报告预算执行情况。

通过提供基本的财务管理保障,以促进保障行动的执行。基本的财务管理保障主要是与东道国银行机构协商,就使用本国货币,为指挥官提供咨询,与全国供应方进行协调,包括国家的财政部、国防财会局及陆军财政司令部。财务管理能力同时也提供资源管理能力,通过资金获取和资金支出,保障现行、预期的作战行动。

1. 采办保障

保障采办过程并提供监督,是财务管理任务中的主要业务。通过与合同官、军法参谋,就涉及的本地商业行动进行协调与监督,财务管理者能够有效降低不当和违法付款发生的可能性。采购保障包括合同保障和供应商服务保障两方面。

合同保障涉及为货物提供服务,以及向供应商付款。

供应商为部队紧急需求提供服务,通常包括现金付款。现金付款针对按日付费的劳工、一级补给品,以及通过合同或者供给系统采购没有准备的建筑装备材料。

财务管理中心也会与提供保障的合同保障旅培训机构进行协调,确保培训与合同保障旅人事部门提供的野战指令官的培训同步。

2. 有限付款保障

财务管理者对在永久驻地变化和临时职责状态变化的士兵和平民,提供旅游保障、临时付款、支票兑现及货币兑换,非作战人员撤退行动差旅费预付款,非美金付款保障(敌军战俘、东道国人员、日工),以及将存款收至储蓄存款项目等服务。

3. 支出保障

支出保障,包括对付款单位进行训练并提供资金,管理储值卡,保障回馈计划,索赔和付款,兑现可转让票据,接收款项,对经核实的付款凭单进行付款,进行外汇兑换,为财务管理单位提供资金,确定现金需求及补给,接收并控制所有现金与贵重金属。

4. 会计保障

财务管理者保留已拨款与未拨款的会计记录,并报告分配或收集的资金状况。

5. 银行及现金保障

根据东道国银行业建立银行业务和程序,包括建立本地储蓄账户、有限储蓄账户,以支付现行合同和外币再供应。当需要与东道国银行进行磋商时,与当地国家大使馆、陆军财政司令部、国防财会局及国家财政部协作。

6. 认定、获取、分配、控制资金

财务管理者确定从国防部和其他联邦机构所获得的可用资金来源;获取资金,并分配至下属单位,以保障现行或者预期的任务需求。

7.资源需求开发

决定所需、可用的财政资源,以保障任务需求,是财务管理中心的一项核心能力,此能力有助于完成地理作战司令部目标,为战区陆军部队提供有效保障。合同、运输、多国保障、对其他机构和国际组织的保障、外国人道主义与民事协助,以及部队保障,都属于常规资源需求,需要财务管理进行保障。

财务管理中心资源开发机构行动的主要内容有:为战区保障司令部行动计划和指令准备财务管理补充文件;制定预算;决定并认定完成任务所需成本;决定在整个财年中,需要资源的时间;在所需的时间,准备所需数量的资源;与联合、跨机构、跨政府和多国行动,以及联邦机构和非政府机构,协调相关财政事宜。

8.预算执行的追踪、分析和报告

财务管理者建立程序,追踪成本,以确定履职率,对资金使用情况进行分析,保障行动需求。财务管理者同时也确定趋势,预测资源挑战,按照国防财会局、财务管理与审计助理陆军部长,以及陆军军种部队司令部、地理作战司令部政策要求,提交报告。

无论行动的规模与范围,财务管理保障部门都为军事行动范围内部署的部队,提供响应及时、灵活的保障,并发挥重要作用。每项行动必须与行动的其他方面融合、同步,以为部队提供高效的保障。

(七)人力资源保障

人力资源保障中心负责对人力资源进行计划、整合与协调;伤亡行动;接收、替换、重返岗位,休假和休养,重新部署行动;战区内、作战区域及联合作战区域内,陆军部队军邮保障行动;与战区保障司令部保障行动就人力资源能力进行协调与同步,并保障陆军军种部队司令部人事参谋。

与战区保障司令部保障行动,就人力资源能力进行整合,为战区行动人力资源保障的协调与同步奠定基础。如果执行得当,整合的人力资源保障将增强战斗力。

人力资源保障中心的主要任务包括:部署与重新部署计划的调整;通过与战区保障司令部负责行动的副参谋长保障行动协调,确定人力资源数量、种类及位置;评估现状,预测人力资源需求;在决定性的点及时间决策应用人力资源和保障;为邮件行动协调运输保障的执行,包括战俘战争邮件;人力资源伤亡行动;为战区、作战区域及联合作战区域过境人员的运送协调运输保障执行;为即将进行的置换和过境人员,协调生命保障执行;整合行动的最终结果,对保障行动战备的陆军部队提供同步、协调的人力资源保障,并降低人力资源对后勤资源的影响。

对保障战区准备行动的人力资源计划及执行的需求,需要特别注意。战区准备人力资源保障对于接收、分段运输、前运、整合行动的成功起着重要作用。为确保在主要的兵力抵达前,建立初始人力资源能力,人力资源保障机构成为战区准备任务指定保障旅的早期进驻部队的一部分。计划需求包括战区、作战区域和联合作战区域,人力资源部队规划的配置和数量。早期进驻部队的人力资源保障职责包括:开启并建立战区人员问责与人员追踪;建立、运行伤亡事故协助中心,实施伤亡事故行动;建立、运行、维持战区人事数据库;为保障战区军邮行动,协调与同步军邮终端的建立。

如果为执行接收、分段运输、前运、整合任务和军邮流通,而使用多个战区空运卸载港,那么将需要额外战区通道接收、替换、重返岗位、休假与休养、重新部署分队和军邮终端分队,以及相关的人力资源连(排)。

八、陆军特种作战部队保障

除另有保障条约或者其他指令规定外,陆军特种作战部队的后勤保障属于陆军的职责。陆军特种作战部队保障部队的能力与战区保障司令部保障行动设施的整合,为指定的陆军特种作战部队的任务需求进行同步、定制,为应对变化的任务需求,提供充足的灵活性。此外,陆军特种部队保障分队与战区保障司令部的协调与同步,为战区保障司令部利用后勤资源,获得更高行动效率,提供方法途经,对于共用用户陆地运输资产特别有效。

陆军特种部队以地域为基础,通过有限的东道国保障及合同,得到共用物资和共用用户保障。单独的特殊行动物资通过特殊行动渠道进行资源配置。

九、通用后勤保障

地理作战司令部必须将有限的分配保障系统利用到最大化,并有效利用所有国防部,以及联合、跨机构、跨政府和多国机构的后勤部,指定通用后勤是最佳选择。地理作战司令部在指定通用后勤职责时,主要考虑两个方面,即主要用户和最有能力的可用部队。通常,战区保障司令部是战区主要用户和最有能力的后勤任务司令部。

当在下属联合部队中创建通用后勤职责时,作战指挥官必须将现有与通用后勤相关的国防部指挥的执行机构,以及现有与通用后勤相关的协议纳入考虑范围。使用通用后勤保障时,如果除了正规军种部队渠道外,仍有为提供通用后勤保障的有效协议或者指令,军种部队司令部对其部队保留全部后勤保障职责。

战区保障司令部,作为陆军军种部队司令部的高级保障司令部,在为联合部队每个地理区域作战指挥官的通用后勤提供指导,批准执行机构的职责,跨军种保障协议,采购及跨服务协议,提供优化资源,同步装备保障等方面,承担着重要职责。在执行具体的通用后勤职责时,战区保障司令部必须:参与全部作战环境行动的联合保障准备,以确定并获取对主要地形、设施等的使用;确定特殊牵头通用后勤职责和通用后勤执行参数;审核所有与确定通用后勤需求相关的服务保障需求;根据分派的任务,协调通用后勤保障;决定保障源(军事、民事、东道国及其他);根据行动环境及作战指挥官的指导,建立、维持并改变优先等级;根据作战指挥官后勤指令,为指派任务、节省资源、重要共用物品资源的跨层级使用,监督供应保障能力的关键类别;对战区跨军种供应与保障、本地采办与控制、本地设施分配、可用后勤资源分配的协议需求,进行协调;与相应军种部队、机构、多国接触,协调多国保障后勤交换的执行指令与交易;按照阶段或行动,为战区配送与后勤工作制定优先等级;管理战区内行动;为提供高效保障,分配重要通用后勤资源;按照地理作战司令部的战区途中可视化及资产可视化数据获取计划,建立战区获取与维持通用后勤装备与服务资产可视化的能力;参加职能性委员会或中心,集中管理资产,更有效地应对不可预见的环境。

管理竞争的通用后勤需求,为陆军部队提供保障,是战区保障司令部配送管理者首要关注的问题。然而,在执行通用后勤职责时,管理者必须遵守地理作战司令部确定的优先等级,制定合理的标准,衡量运送目标。综上所述,配送管理者必须明确,通用后勤更加节约,通过将战略运送要求降到最低,促进战斗力的迅速建立。同时,节约的需求必须与保障地理作战司令部优先等级的供应和装备及时运送的要求相平衡。

十、战区关闭行动

战区关闭行动相当复杂,需要详细的计划与同步执行。撤退时间表、保留部队和保留在东道国的装备的决策将会对重新部署的速度与性质产生影响。战区关闭与重新部署行动,按照地理作战司令部重新部署政策与行动计划执行。

陆军军种部队司令部重新部署行动计划,为准备重新部署的陆军机构提供具体指导,指定部队、个人及装备的重新部署顺序。同时,该计划还为保障网络、安全需求及陆军预置物资汇报程序提供指导。

通过对维持系统能力的行动感知,有效利用联合能力,通过战区内配送系统的任务式指挥,战区保障司令部得以对高能、高效的重新部署行动提供保障。其中,保障接收、分段运输、前运、整合行动,吸收陆军预置物资,运行战区配送系统,应用重新部署等程序用以快速组建战斗力。

在部署与保障行动中,运行与管理战区配送系统的机构,在重新部署行动中担任相同职能。如果重新部署与部署、保障行动同时发生,战区保障司令部为有效保障同时发生的行动,有必要重新平衡其部队力量,变更下属机构的任务。

根据重新部署行动的规模与范围,战区基础设施,以及其他的任务、敌情、地形和天候、可用兵力与支援、可用时间、民事考虑的不同,其需求也不同。例如,重新部署行动可能只包括人员,也可能涉及整个部队及其装备。按照政治、军事战略,在决定性的行动有增无减时,或者在行动过渡阶段,由部队轮换产生。战区保障司令部主要考虑:部署与重新部署的部队规模、基础设施需求与限制、安全需求、交通运行、分段运输区域、配送系统能力、可用资源的竞争需求、重新分配的供应与装备数量、农业勘察,以及建立与维持回撤车辆的统计。战区保障司令部面临的挑战,在于有效进行横向与纵向的协调与同步,确保战区现行保障行动及重新部署的响应和同步保障。

战区保障司令部保障行动,为保障陆军重新部署行动提供参谋监督,并根据陆军军种部队司令部重新部署行动计划,对指定到集合区域的部队行动,进行协调、同步。在集合区域的重新部署行动,由战区保障司令部进行控制、监督,为部队行动做好准备。

战区保障司令部主要考虑部队、设备和供应的确定与分配,包括东道国和合同商保障,需要对重新部署行动进行保障。为确保任务成功,必需协调医疗保障和其他保障职能,如通信、装备运输设备及装载港保障。

与陆军军种部队司令部、联合部署与配送中心,以及国家、战略合作伙伴保持紧密协调,促进重新部署过程。与陆军军种部队司令部的协调,为陆军部队重新部署的顺序建立整体框架。职责、报告需求、行动限制和保障分配等问题,将通过合作解决。与联合部署与配送中心的协调,使得战区保障司令部得以对指定空运装载港和海运装载港的部队和装备的顺序进行更新。与陆军装备司令部的协调,促进重新部署的陆军装备和陆军预置物资的再生与重置。

十一、岸上后勤行动

岸上后勤或者联合岸上后勤,是指在没有便利的港口设施等条件下,装载与卸载海运补给船的过程。岸上后勤属于单独勤务行动,而联合岸上行动,通常是陆军与海军人员协调行动,将内陆供应、装备和燃料接收、集结并推送到前方部署部队。岸上后勤、联合岸上后勤可在严酷的环境(荒芜海滩)或者受损港口设施下进行。岸上后勤、联合岸上后勤也可以不必跟随两栖突击行动。使用联合岸上后勤术语,多用于联合、多国的战区行动中。在严酷的港口环境、荒芜海滩的条件下开设战区时,陆军部队、国防部其他部门,以及政府、联盟、东道国机构之间进行合作尤为重要。

在联合环境中,为更好地指挥战区行动,地理作战司令部指挥官会为联合部队地面部队指挥官指定增援的联合特遣部队司令部,通常由军种部队指挥官(如陆军军种部队指挥官)履行该职责。地理作战司令部指挥官或者联合部队地面部队指挥官通常会将联合岸上后勤的指挥任务,指定到下属单位,使其作为联合岸上后勤指挥官。在同后勤参谋、联合部署与配送中心部队协调后勤行动时,联合岸上后勤指挥官隶属于联合部队地面部队指挥官。联合岸上后勤指挥官拥有直接指挥联合岸上后勤行动的各种权限:联合岸上后勤责任范围内,战略海运船舶的到达;陆军海运船舶的离岸卸载;对到内陆集结区域的装备与供应,进行加强;受保障部队责任范围内的装备与供应行动。

联合岸上后勤指挥官,将由派遣军种部队和职能性海运部队加强到联合岸上后勤的人事参谋协助工作,以便相关专业工作的开展。此任务可指定到战区保障司令部,以提供联合岸上后勤指挥官,为联合岸上后勤参谋提供基础。战区保障司令部,作为职能性的上级梯队司令部,能够有力促进战区联合岸上后勤需求的计划与执行。战区保障司令部可提供线性指挥结构,通过负责由舰到岸、由岸到散兵坑的后勤行动,来消除多层指挥结构。特殊联合岸上后勤行动(多种联合岸上后勤行动同时执行时)的任务式指挥,可派至配有联合岸上后勤港口准备行动,以及装备与供应的内陆运输保障旅的远征保障司令部;进一步的战术任务指挥,可根据任务需求,派至配有职能性终端营及连的保障旅。

战区保障司令部需要联合和多国人员进行增援,组成相应的联合岸上后勤参谋部,包括来自以下机构的联络小组和专业人员:运输司令部;军事地面部署与配送司令部;空军机动司令部;国防后勤机构(石油行动);海军;海军陆战队;空军(天气数据与空中行动内陆协调);联盟伙伴;东道国人员。

按照战区保障司令部任务式指挥,可执行联合岸上后勤行动的部队有终端营司令部、战区终端准备部队、船艇部队、行动控制队、海港行动连、终端监督队、港口管理队、快速港口准备部队(直接保障职能)、筑堤部队,以及处理通信、军政行动、人力资源、陆军医疗勤务的部队和人员。

每支军种部队,配有所需的装备与人员,在其核心能力范围协助联合岸上行动。为满足更广泛的、远征的、灵活的、联合行动的作战部队能力,陆军已做出相应转变,陆军可提供后勤保障船只,驳运,筑堤施工部队,运输卸载人员,车辆转运连,地面行动队和协调人员,中型及重型运输资产,内陆石油配送系统,以及多种联合岸上后勤场地勘察与检验。

海军可以提供联合岸上后勤场地勘察与检验的驾驶员,两栖施工单位(海军修建营),海岸勤务队和海滩勤务队队长舰到岸控制,运输卸载人员,战术辅助重型器材,燃油船,驳运,漂浮和高架栈道堤道和码头,滩头部队防护,以及海洋石油配送系统。

保障行动的焦点在于配送管理、装备管理、行动控制、财务管理及人力资源管理。战区保障司令部及远征保障司令部保障行动部门是战区保障中心,以保障统一地面行动。在保障行动中,配送管理中心通过配送整合、机动、供应、军需和自动化记录部门,管理所有保障职能。保障行动配送管理中心的增援来自财务管理中心、人力资源保障中心的部队。如有需要,陆军特种作战部队保障分队及医疗后勤管理中心保障组,也可进行增援。

战区保障司令部保障行动将计划并管理战区准备,接收、分段运输、前运、整合行动,战区配送、装备管理、战区行动控制,管理共用用户后勤保障,监督后勤自动化系统,以提供后勤通用行动图。战区保障司令部保障行动将与国家战略机构协作,包括联合、多国、东道国保障伙伴关系,以保障战区行动。

第二节　保障旅行动

保障旅在机动部队的作战能力、持久性和行动自由等方面发挥着重要作用。为实施与战区开启、战区配送、战区保障和战区关闭等任务相关的保障任务,保障旅将实施任务编组。保障旅编组多个战斗保障支援营,战斗保障支援营可为位于(或者跨越)指定保障区域的部队作战行动提供分发和保障支援。

一、联合行动

联合部队由两个或者两个以上军种作战单位联合构建而成,由联合部队指挥官负责统一领导。陆军部队作为一支相互依赖的联合部队的一部分实施作战行动,在某一军种对于另一军种的能力方面,存在着具有目的性的依赖关系。作为相互依赖的联合部队的组成部分,需要保障旅指挥官和参谋人员为其他军种,或者多国部队提供通用型后勤保障。保障旅指挥官和参谋人员必须了解哪些后勤保障能力可以共用于联合部队,从而使保障旅能够为联合部队提供所需要的保障。尽管联合部队指挥官负责建立指挥和支援关系,但各军种部队指挥官仍然对所属部队保留行政和后勤保障方面的职责。

在联合行动中,陆军的主要职责是为实施战区开启任务,并在战区范围内搭建后勤条件,以遂行军事行动。同时,陆军还为联合部队提供通用型后勤保障,包括第一类给养补给品、第三类油料补给品、第四类工程建筑补给品和运输。

地理作战司令部指挥官可指定某一军种的高级后勤司令部机关作为联合后勤司令部。联合后勤司令部,负责对整个联合部队范围内的后勤支援进行协调和同步。如果得到相应的指派,那么地理作战司令部指挥官将采取联合增援的方式,对于指定的单位进行加强。

保障旅可能被要求开设或者管理分段运输基地。分段运输基地是一种安全的临时性战场中转机构,可为位于作战区域内的部队提供保障。分段运输基地的保障能力应当依据作战态势而定,并将分段运输基地开设在能够为部队提供最佳保障的地域内。

负责开设分段运输基地的单位,必须尽早展开部署,以利于为接收任务部队做好准备,以及运行战区配送计划中的各节点。分段运输基地作为主要的整备基地,需要确保初期占领区处于安全状态,使得战斗力能够快速地交付到责任区。在某些情况下,分段运输基地也可用于从各战区之间到战区内部轮次间的过渡,以此增加部队可获取进入点的数量,减少在反介入措施方面的相关需求。

通过分段运输基地进行调整的单位,具有生活保障方面的需要,包括住宿、卫生和医疗保健。由于生活保障可能涉及简单的临时住所和部队野战卫生设备,同时也可能涉及复杂的兵力提供者模块,因此,计划制订者必须在计划阶段尽早确定部队的保障需求。所有的兵力提供者都应当处于预先到位状态,同时各模块也应当处于预置储备状态。

战区保障司令部,负责位于责任区内的保障支援。责任区是与作战司令部相关的地理区域,在该地理区域内,地理作战司令部指挥官授权对作战行动开展计划与实施。战争区、作战区域或者联合作战区域都可包含在责任区范围内。

作战区域是由联合部队指挥官为地面部队和海上部队指定的作战区域,应当具有足够大的面积,保证部队能够完成所承担的任务,并对所属部队实施防护。为了能够在地理责任区内遂行作战行动,地理作战司令部指挥官可指定所属责任区内某一特定的区域作为战争区、作战区域或联合作战区域。

二、战区开启

战区开启是指在某一作战区域内建立和管理卸载港口(空中、海上和铁路),并构建配送系统,改善部队在接收、集结和向前输送等方面的相关能力。战区开启是一项复杂的联合流程,涉及联合部队指挥官、战略联合伙伴,如美军运输司令部、国防后勤机构及联合部署与配送行动中心。联合部署与配送行动中心,通过同步和优化各战区之间、战区内部的分发接口,为地理作战司令部指挥官的作战目标提供支援。

保障司令部负责保障任务的计划和实施,完成战区开启,以及接收、集结、向前输送和整合。此外,保障司令部还负责形成战区保障的支援构想。

在接受为战区开启提供支援的任务时,保障旅将对战斗保障支援营,或者职能后勤营实施任务编组。保障旅将履行以下任务:建立转运物资的可视化;执行运输管理;为战区接收、集结、向前输送和整合提供保障;实施配送和分发管理;为输送控制、远征合同工作,以及构建早期的战区保障提供支援。图7-4从理论上描述了保障旅实施战区开启任务时的任务编组。

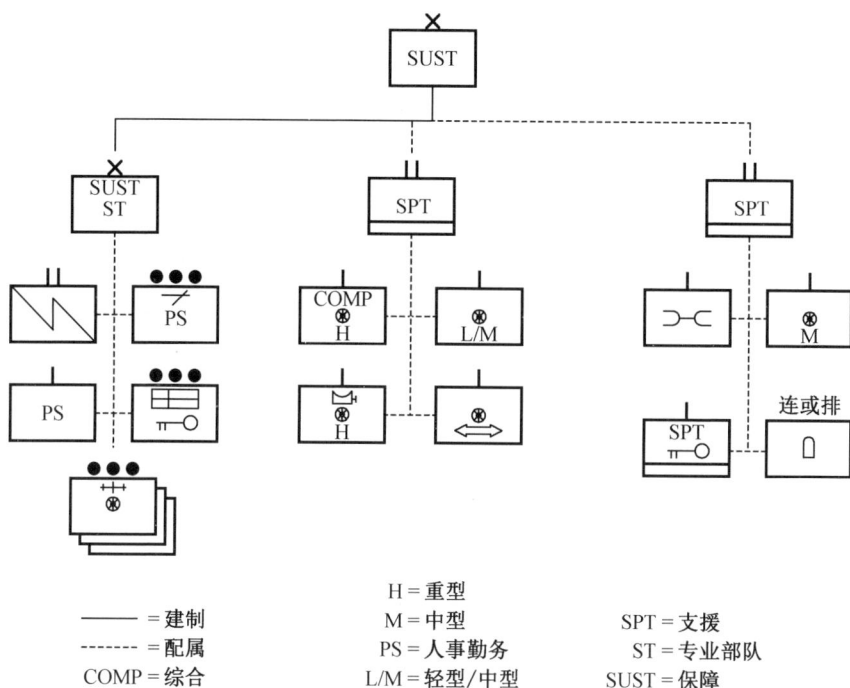

图7-4　保障旅实施战区开启任务时的任务编组

除了经过任务编组的保障旅之外,运输旅也将在联合作战区域内领导后勤力量遂行岸滩或者港口开辟任务。随着作战区域和任务的成熟,保障旅规模也将随之变得更大。同时,作战行动持续时间越长,后备役部队也越有可能被激活。

保障司令部需要确定在战区开启时的最初需求,涉及签订相关合同和东道国提供的支援等。负责展开部署的保障旅,需要与提供支援的应急签约小组或者营共同开展工作,将能够评估和获取东道国可提供的基础设施能力和合同支援。通过展开合作,负责在执行战区开启职能的各单位需要为有效提供保障创造相关条件,同时为后续建立战区配送系统打下基础。

(一)港口开辟

港口开辟属于战区开启的附属职能。港口开辟是指为保障统一地面行动而建立、初始管理和改善卸载港口吞吐量的能力。吞吐量是指货物和人员每天通过港口或者运输终端的基本数量。吞吐量分配是一种分配方法。当卸载港口和基础保障设施建立,并用于满足相应节点所需的作战能力时,港口开辟过程随即宣告完成。在战区配送系统中,港口是第一个节点。海港的开辟需要指派相关单位为海港卸载行动提供支援,如港口作业分队和水运分遣队。

(二)接收、分段运输、向前输送和整合

接收、分段运输、向前输送和整合是一项主要由保障力量实施的联合特遣队任务。保障司令部负责对战区配送系统进行调控,包括运输模式、转运和保障节点。节点是位于配送系统内,负责向前输送需求生成和处理的位置所在。

接收,是接收、分段运输、向前输送和整合中的第一个步骤,是将各部队接收到作战区域内。受领接收、分段运输、向前输送和整合任务的指挥官,负责对接收行动进行计划与实施。同步运输接收行动对于改善卸载港口的吞吐量而言至关重要,涉及任务式指挥、输送控制和港口管理。保障旅建立战区人员岗位责任,在卸载空港遂行机场出发、抵达控制组职能,执行汽车运输行动,以及为遂行保障接收任务的部队提供保障支援。

分段运输,是接收、分段运输、向前输送和整合行动的组成部分,负责对人员和装备的重新集结与聚合,根据行程计划将部队运送到战术集结区域,保障与上报部队的基本携行量,以及为人员提供生活保障。整备基地是部队能够进行重新集结的控制区域。每一个卸载海港、卸载空港都应当至少配置一个整备基地。保障旅负责为执行分段运输任务的单位提供补给、维修支援和人力资源保障。同时,在整备基地内,实施分段运输的部队存在生活保障方面的相关需求。

向前输送,涉及从港口到战区分段运输基地,或者从前沿到战术集结区域的部队行动。对向前输送造成影响的主要因素,包括运输性能与能力、基础设施和防护。保障旅将为不具备充足运输能力的单位协调汽车运输保障(实现有效机动),或者在履带装备实施向前输送的同时,降低这些装备执行长距离输送的损耗。根据联合部队指挥官确定的优先顺序,人员和装备应当重新集合,成

为达到相应战备水平的部队,并机动到指定的战术分段运输区域。

整合,是指在执行任务之前,将各种能力同步转换为作战指挥官所属部队需要的各种能力。转换要求各单位应当相互了解和熟悉,最新抵达的部队在完全融合为作战计划的一部分之前,应当满足一定的标准。

三、决定性行动支援

保障旅负责为决定性战斗行动提供支援,同时决定性战斗行动具备的特征涉及部队同步执行进攻、防御和稳定任务。保障旅对机动部队的作战能力、持久力、行动自由发挥重要作用。保障旅将在各领域内和跨领域间实施行动,这些威胁性领域包括大量混合的常规军事单位、特种作战部队、装备精良且目的性极强的准军事力量、组织松散的非正规部队、武装犯罪组织,以及恐怖主义者。接受保障单位将面对反介入和区域封锁构成的威胁,相关威胁具有复杂性和非对称性。

如果进入战区的军事力量受到限制,保障部队进入联合作战区域将延迟,东道国提供保障所发挥的杠杆作用可能成为推动作战行动的关键赋能因素。东道国能够提供后勤保障的程度取决于作战环境,以及保障旅最大限度地利用当地市场和劳动力的程度。在对作战环境进行全面的保障准备时,相关信息将处于已知的状态。

(一)防护

为了保障人员、体系和实物资产的安全,保障旅和战斗保障支援营的指挥官应当确保把保障行动的各个方面都整合到防护任务当中。人员包括作战人员和非作战人员(承包商、东道国提供的支援和难民)。指挥官和参谋应当在整个作战进程中,负责同步、整合和组织各种能力与资源,从而有利于保存作战力量、减轻威胁与灾害所造成的影响。

各级保障指挥官需要针对防护作战职能的所有保障任务制订计划,在通常情况下,应重点协调已经实施的警戒行动,从而保护位于指定保障区域内的己方部队、设施和路线。在分析作战环境、威胁行动的可能性及己方资源与人员相对价值的基础上,保障旅和战斗保障支援营的指挥官需要为防护任务和系统配置各种类型的资产。在确定防护的优先顺序时,危急程度、易损性和可恢复性将成为最重要的考虑因素。保障指挥官在决定优先防护顺序上,应当考虑的事项包括:基地和基地兵营的防卫;关键资产的安全;节点的防护;反应部队的行动,保障旅将建立一支反应部队用于保护所占据基地的安全,并协调其他的安全行动;交通线的安全,保障旅通过与当地政府开展合作,从而保障交通线的安全;车队的安全。

在主要战斗或者其他军事行动期间,基地兵营可从单位已经建立的地点发展而成。基地兵营在最初阶段可能仅是一支部队或者为数不多的几支部队,能够为所属资产提供建制或者配属的保障能力。位于当地的高级指挥官将全权负责基地兵营,发挥双重职务的作用。随着基地兵营规模扩大及其综合性的不断提升,特别是接受保障部队的数量与种类不断增多时,需要减少高级指挥官的额外责任,使得高级指挥官能够集中精力在主要任务和职责上。

随着基地兵营规模的扩大,可能需要专门的基地兵营指挥官和参谋人员,以减少对高级暂驻单位的相关要求,并有利于将高级指挥官从管理基地兵营的细节中解放出来。可能发挥这一作用的单位,包括区域支援小组、工程营维修部队和机动加强旅。

基地防护虽然是一种防护作战职能,但需要通过所有的作战职能加以实现。基地兵营防护应能消除针对基地兵营或者基地群的一级威胁和二级威胁,并能够准备应对或者延迟三级威胁,直到战术作战部队或者其他可供使用的反应部队击败威胁为止,是上级指挥官的地区安全责任所在。

保障旅作战参谋负责为支援作战制订有关计划,支援作战参谋参与制订详细的计划,并针对支援作战开展协作。保障旅的作战参谋和支援作战参谋,需要确保后勤保障计划和防护计划能够相互协调,并与司令部和上级司令部机关制订的计划保持一致。同时,作战条令也规范了如何实施部队防护。

在实施期间,为了确保交通线处于安全状态,负责当前行动的作战参谋、情报参谋及支援作战科所属的机动分队参谋,应当竭尽所能地执行跨区域协作。车队可包含地方驾驶人员,或者地方卡车及其驾驶人员。但该做法也为当前行动小组增加了额外的(较为复杂)工作,以及在协调方面的需求。

保障旅指挥官应当考虑不断发展的相关行动、任务变量,以及如何对与保障旅的任务有关的兵力部署和战术行动造成影响。在为应对简易爆炸装置、军用地雷和自锻侵彻弹丸而实施的保障行动中,能否意识到地面存在潜在威胁极为关键。因此,致命威胁也是制订车队计划人员应当关注的问题。保障行动的成功取决于综合当前情报信息,官兵对当前战术的熟悉程度,技术与程序,标准作战流程,以及反简易爆炸装置的谨慎使用。保障旅指挥官和参谋人员应当持续深化对防护概念的理解,提高自身制订和执行防护计划的能力。

(二)保障旅配置

通常情况下,保障旅需要在指定的保障区域内建立基地,从而对保障行动实施集中调控。由于实施保障行动处于分散的状态,因此可能在基地范围内实施保障行动,也可能在保障区域内指定的地点实施。除为师级单位提供直接支援外,保障旅的行动区域与师的职责范围之间存在差异。例如,某一保障旅可能为多个师(或者主要的战斗部队)提供保障,或者多个保障旅为同一个师提供保障。保障司令部仍然是所有保障协调环节的组成部分。图7-5对保障旅的配置进行了示范。

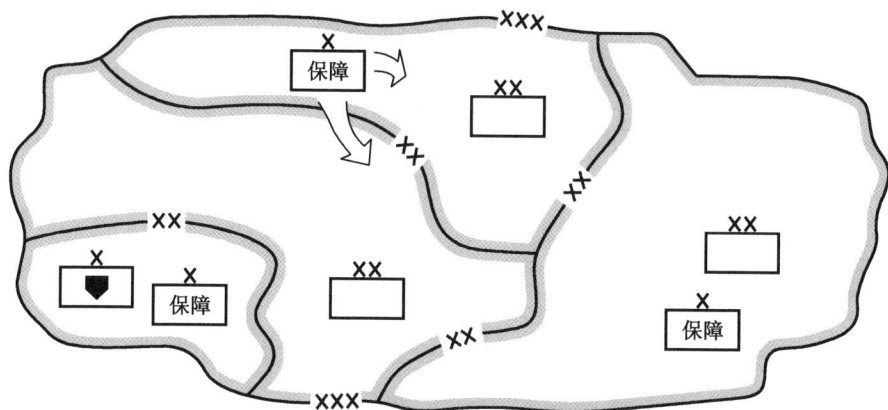

图7-5 保障旅配置

机动加强旅可能负责有关的地形任务,并构建安全行动走廊。保障旅的基地将被并入地形任务,防护计划需要把已经建立的指挥和保障关系,以及所占据的物理空间作为依据。在保障区域内,保障旅对机动加强旅,或者已经明确的地形负责人履行相应的职责,从而实施防护、警戒和其他相关事项。保障旅的指定保障区域由部队的实际部署、作战进程中的保障需求、保障能力的接近程度、陆上自然边界、可用道路网,以及其他因素共同确定。

在整个作战行动过程中,保障旅指挥官和参谋人员应当充分考虑保障旅所属资产与接受保障单位之间的距离,因为时间和距离会对提供保障造成影响。由于作战环境的诸多因素都将对单位配置地域的决策产生影响,且保障单位的数量和配置地域需要依据接受保障单位的具体情况而定,为了确保决策制定的谨慎性,应当对任务进行分析。

区域支援是指在划定的地理边界范围内,为作战单位提供全般支援的方法,用于后勤保障、医疗保障和人事勤务等方面。在区域支援的运用范围内,保障关系将由接受保障单位的具体地理位置而定。保障单位通过运用区域支援方法,为在某一特定地理位置或者经过某一特定地理位置的单位提供支援。

当接受保障单位在作战区域内移动时,战斗保障支援营(或者所属单位)将重新配置,从而保证与接受保障单位之间保持适当的距离。考虑到作战条件,支援抵达接受保障单位的时间,将成为实施配置时需要考虑的主要因素。通常,战斗保障支援营应当将资源分发到各个接受保障单位,并能够在当天返回。

持续不断且有效的威胁,可能导致即使在路况较好的条件下,完成相对较短距离运输所花费的时间大大增加的情况发生。反之,在威胁较少,或者没有威胁时,即使在路况条件较差的情况下,也能够完成较长距离的运输。保障旅负责提供保障的各单位间的距离并不相同,也是执行任务时应当考虑的因素。在与接受保障单位之间的距离确定时,应当考虑以下因素:战斗和活动对应的威胁级别;可供选择的道路网及其条件;燃料消耗和途中燃料续航能力;保障任务的频率;近距离空中支援;医疗后送支援;路线清障支援;路线警戒支援;天气。

(三) 保障部队

保障能够使战术指挥官保持战斗力。保障旅在战术和战役层级上,为陆军部队提供支援。保障旅提供支援的重点在于持续地对补给品保障、人力资源保障、财务管理保障和维修分配等方面进行管理与分发,从而使接受保障指挥官拥有持久作战能力。保障旅将依据作战行动的规模或者时间,为实现保障和战区配送开展任务编组。同时,保障旅也可能仅通过任务编组,执行战区配送行动。

负责实施保障的保障旅,在任务编组中将配备战斗保障支援营。战斗保障支援营将进一步由补给、勤务、运输和维修单位通过任务编组而成。保障旅需要按照保障司令部的指示运行多种类型的补给保障活动;提供野战维修保障和野战勤务;对旅级以上单位的旅支援营和分队进行补给。图7-6从理论上描述了保障旅实施保障行动时的任务编组。

在图7-6中,呈现了依据任务编组的保障旅,负责为各旅战斗队和旅级以上梯队提供所有类别的补给、野战勤务和维修支援的情况。同时,保障旅还需要维持配送系统的可视性(包括陆军航空和地面运输资产的战备状态),对资源进行重新调拨确保系统的最优性能,以及根据需要调控通用型的运输资产。

在图7-6中,通过任务编组的战斗保障支援营,负责为在指定支援区域内实施作战行动的单位提供支援。一支战斗保障支援营通过任务编组,能够对师级单位提供直接支援,也可通过特别编组配备军需补给连和综合汽车连,负责为旅战斗队提供水质净化、油料储存和部队运输等保障能力。任务编组方式对旅支援营的能力进行了补充。

在必要情况下,保障旅需要为执行特殊任务的部队或者小分队实施直达配送,需要考虑成立前方后勤分队,为特殊的需求提供支援。前方后勤分队由任务编组而成的多功能后勤资产组成,在决定性行动的早期阶段,为快速推进的进攻行动提供支援。

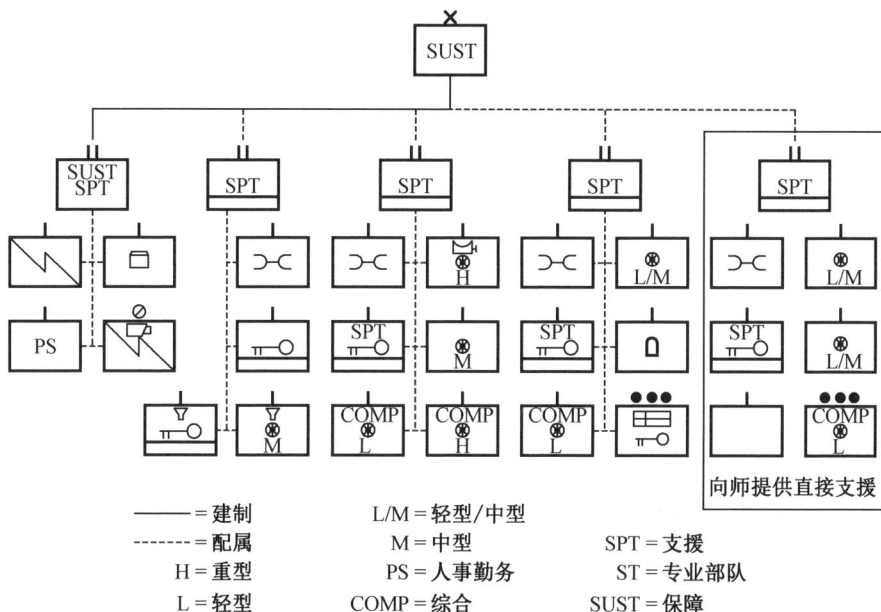

图 7-6　保障旅实施保障行动时的任务编组

执行战区配送任务的保障旅,将由战斗保障支援营编组而成。根据任务情况,战斗保障支援营将进一步由职能补给与运输单位任务编组而成。保障旅主要负责在某一节点对物资进行接收,并从一个节点将物资分发到另一个节点,从而有利于开展下一步分配。该做法属于补给点到补给点,而并非是为各单位提供直接补给。图 7-7 从理论上描述了保障旅实施战区配送行动时的任务编组。

图 7-7 在理论上呈现了依据任务编组的保障旅,负责构建与管理多模式分发中心、同步多节点行动(补给支援单位、弹药供应点、集中收发点、护送车队支援中心)、维持配送系统可视性(包括陆军空中与地面运输资产的战备状态),以及对资源实施再分配,以此确保系统始终处于最优性能状态。同时,根据需要,对通用型的运输资产实施控制。通过任务编组而成的战斗保障支援营,负责货物运输,管理区域分发中心,其中包括对于集中收发点的管理。

随着任务需求的不断改变,保障司令部将根据情况决定是否建立职能营的司令部机关。职能运输与补给营对于多功能保障单位的控制能力是非常有限的,但是在某些作战环境当中,职能运输与补给营可能是较为适合的。计划人员必须考虑决定性行动的任务和战斗行动的预期持续时间,并根据时间与空间方面的需求确定恰当的单位组成。在有需要的情况下,指挥官可通过增加具有职能领域专业知识(或者技能)的官兵,扩充营的参谋机构。

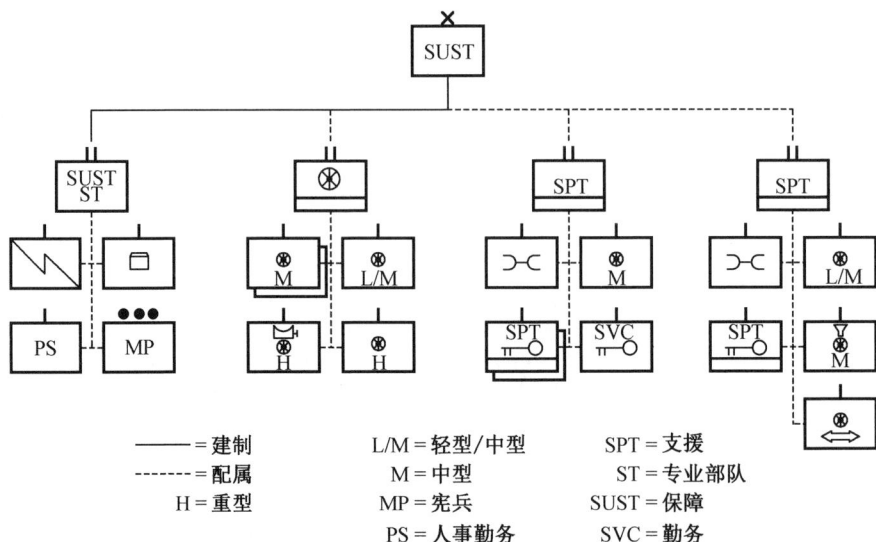

——— = 建制　　　　L/M = 轻型/中型　　SPT = 支援
------ = 配属　　　　M = 中型　　　　　ST = 专业部队
H = 重型　　　　　　MP = 宪兵　　　　SUST = 保障
　　　　　　　　　　PS = 人事勤务　　　SVC = 勤务

图 7-7　保障旅实施战区配送行动时的任务编组

图 7-8 从理论上描述了在联合作战区域内实施的支援行动。最先开始部署的保障旅(负责为战区开启提供支援),通过进一步任务编组实施战区配送任务。

保障旅在支援作战中,负责计划、协调和同步保障行动。保障旅的支援作战参谋负责实施物资管理、配送计划的制订和整合、人力资源管理、作战合同保障等任务。

1. 物资管理

物资管理是指对补给职能开展指导、整合、同步和优化的活动,包括为补给提供支援的维修和运输职能,有利于为已经处于部署状态的部队提供不间断的支援。物资管理负责对陆军、联合部队和盟军部队提供支援,使任务部队能够达成作战目标。在作战行动的各个阶段,由位于保障司令部机关内的支援作战参谋负责实施物资管理,支援作战参谋可采取自动化或者非自动化的方式。后勤人员在实施物资管理任务时,还需要与国家供应商开展合作,以此确保提供精准、有效的物资保障。物资管理人员需要完成以下任务:指导、组织、监督和控制后勤职能;优化、整合和组织多功能后勤职能,以达成统一、协调的结果;同步资产或者商品的使用,实现资源的效能。为物资管理提供支援的活动包括以下内容,可根据作战与任务进行扩展。

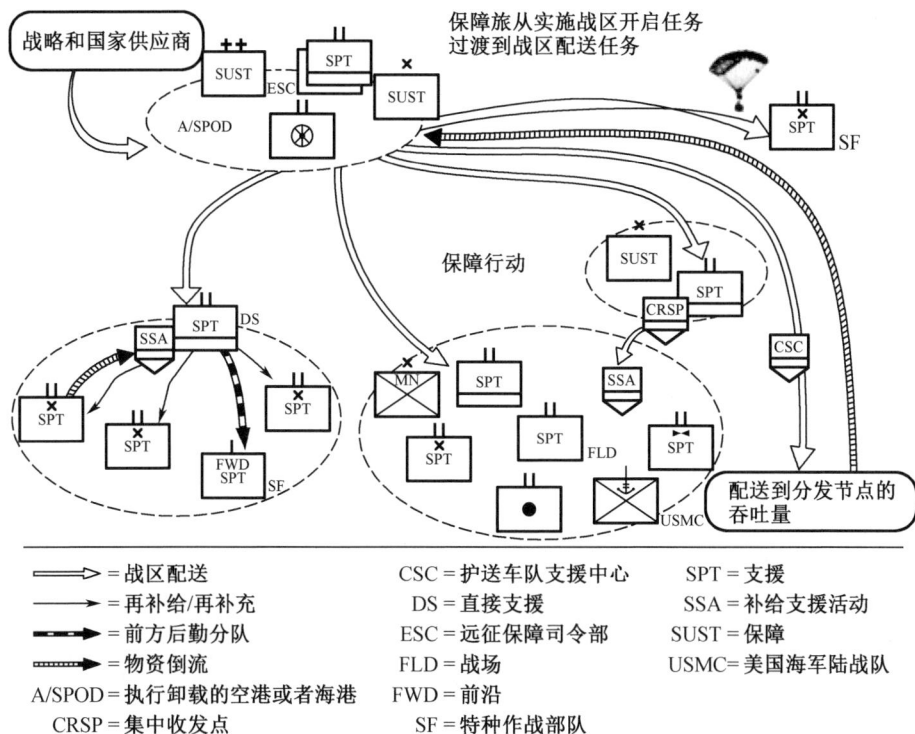

图7-8 在联合作战区域内实施的支援行动

资产报告:资产状况的纵向和横向报告。资产报告是资产可视性、需求确定和需求验证的关键组成部分。各分队都需要进行资产报告,报告的频率和需要报告的物品由司令部加以明确。

资产可视性:会计、库存状况、转运物资可视性、状况报告和库存活动。资产可视性能够为物资管理人员提供方位、数量、条件和资产流动等方面的信息,能够提升管理人员对保障资源和优先状况的决策能力。

处置:系统性地移除不可修复的或者陈旧的物资。通过转让、捐赠、出售、报废或者销毁物资的方式实现对物资的处置。通常情况下,通过项目管理渠道对处置工作提供指导。在作战环境有要求的情况下,处置也可能由司令部决策。

配送:整合运输和补给的一种后勤职能。同时,分配也依赖于输送控制和其他物资管理任务。

资金管理:管理资金为补给行动提供支援。

维修:修理无法使用的组件或者设备,使其恢复作战功能或状态。

采购:获得补给满足作战需求。采购包括申领程序、跨层级采购和地方采购。

重新分发:利用可提供的运输资产,将额外的物资重新分发到位于战区内的其他地点。同时,管理人员可利用位于战区内的额外物资填补空缺,满足作战行动的相关需求。

需求确定:确定和理解后勤需求,为作战部队提供支援。需求确定有助于物资管理人员确定优先保障顺序,通过与作战部队及提供支援的保障单位进行交流,获取有关的需求。同时,需求确定还可应用在补给、维修、运输和分配等方面。

需求验证:根据已经确定的需求,对提供的后勤资产进行验证和优化。需求验证对避免物资浪费,避免后勤运输,以及维修资源的滥用有十分重要的作用。需求验证在确保现有的资产能够满足需要之前,无须向上级司令部机关提出后勤保障方面的需求,可有效控制补给率。

物资倒流:将物资从拥有或使用的单位通过配送系统返回到补给源,或运输到指定的地点和处置点。物资管理人员通过倒流程序,将补给品和装备重新运送到不同的地点,填补空缺,并满足作战行动的有关需求。

库存管理:保持物资的正确位置和标识。物资管理人员需要正确识别和定位仓库当中的物资,确保恰当的保障物品能够按照需求进行分发。物品信息不明、分类不当,将导致物资管理人员订购过量的物品。

补给:提供装备、维修,以及运行司令部所需的全部物品。补给包括提出需求、收货、储存、分发、维修,以及确定单位执行任务时所需各类物品的具体情况。

制订补给计划:依据满足任务需求的标准,预测和明确每一个保障梯队的补给存储水平。通过制订补给计划,把作战部队的综合需求转换成为具体的保障需求。在制订补给计划时,确保能够获取足够的补给和运输资产。

仓储:涉及物资的组织、整理和保障安全工作。仓储包括仓储管理、收货、整理、分发、保管、库存管理和物资核算。仓储不局限于使用固定的设施,也可以在帐篷、集装箱或者室外开阔区域展开。

(1)物资管理职责和能力

战区保障司令部,负责管理配属或者部署在指定区域内的所有陆军部队的物资,以及少量的第八类医疗物资。医疗后勤管理中心——医疗司令部的下级单位,在整个战区内提供集中的医疗物资管理和维修。同时,医疗后勤管理中心通常与保障司令部配置在同一地点。战区保障司令部的后勤人员和后勤助理参谋长,应当在战区保障司令部所属的作战区域内,针对资源的优先顺序展开协作。战区保障司令部还需要与陆军器材司令部的陆军野战支援旅进行协调，为国家级的系统与物资需求提供支援。在有需要的情况下，战区保障司令部可在战区范围内下达重新分配和提高后勤能力的指令。

远征保障司令部负责同步联合作战区域的配送系统，并在直接的作战地区内提供分配监督和物资管理。远征保障司令部能够在补给系统中定位需求，在合适的时机，基于提供支援的优先顺序协调分配资产，并重新运送关键物品。

在保障司令部的指导下，保障旅负责实施物资管理。保障旅的支援作战参谋针对资产管理、资产可视化、需求确定、验证与优先顺序、物资倒流、维修管理和分配指令等方面，与保障司令部的物资管理人员开展协作。

保障旅的后勤人员负责保障、管理和监督大型重要成品物资、维修准备和通用补给，以及根据需求情况开展物品和弹药保障。保障旅后勤人员负责提供涉及大型重要成品物资责任的执行、行政与监督指导，维修准备，以及一般补给品、必备支援补给品和弹药。保障旅和战斗保障支援营的物资管理任务，还包括对支援活动和部队补给行动进行监督和监视，并由其司令部机关负责完成。

保障旅的后勤参谋需要为司令部机关，以及所有隶属单位和配属单位承担相关的资产责任，并对大型重要成品物资实施管理。此外，支援作战参谋还需要承担剩余物资的管理任务。

保障旅及所属的战斗保障支援营的支援作战参谋，负责管理所属的补给支援单位。支援作战军官需要将关键的想法，体现在辅助自动化系统提供的数据上，并将想法处理成可供使用的信息及可操作的知识。辅助自动化系统通过利用不同的术语对相关职能进行描述，对支援作战开展优化、调控和指导，并在有需要的情况下，从国家供应商处把物资重新运送到提供支援组织所实施的补给活动中。

支援作战参谋需要确保补给保障活动能够满足接受保障部队所需要的物品，负责制订需求计划，并开展需求审查工作。物资管理人员可能需要根据多份报告，确定补给保障活动的效能等级。有些报告具备规范性，规定了报告的内容与频率，然而有些报告则由物资管理人员自行决定。

保障旅和战斗保障支援营的支援行动参谋，负责实施的物资管理任务包括：对补给支援单位和所属支援作战的相关工作进行审查，确保具有适当的有效性；监督所属补给保障活动的过剩情况，基于未来的作战行动考虑过剩是否具备合理性，或者对补给保障活动已经申请相应的处置指示；监督补给保障活动进程，确保在指定的时间内可维修的装备已经归还；监督补给支援单位是否存在逾期交货情况，确保有关需求能够得到及时、有效的解决；监督补给保障活动的成效统计，确保具备适当的补给效能和用户保障；对提供授权存储物资的库存、入库和出库信息的零点平衡报告进行审查;对采购需求和订单进行审查。

（2）物资倒流

物资倒流通常由补给支援单位负责完成。在战区关闭时通常发生大规模的物资倒流,可能需要特殊的团队或者增加相关的职能专家。物资倒流包括:识别物资、对物资进行整理、对物资进行分类、使装备处于非军事化状态(军事无害化处理)、运输等任务。

战区计划人员根据战区计划,确定需要补给支援单位协助倒流的所有装备、物资和补给情况。补给支援单位需要负责计划、组织、实施、指导、调控和执行倒流勤务必需的补给职能,包括把装备、补给、废料和危险物资倒流到位于世界各地的最终地点。当战区处于裁减或者关闭状态时,补给支援单位将提供集中区域推动物资倒流。此外,大规模物资倒流可能需要其他额外的能力。

（3）物资准备状态

支援作战参谋负责实施维修管理,同时推荐在指定支援区域内部署的维修能力。支援作战参谋需要分析维修能力和需求,为作战需求提供支援,并确保保障维修支援保持同步。该参谋应当监督位于保障旅内部和外部的车队准备状况,从而有利于为指挥官提供维修趋势方面的意见建议。参谋人员还需要在保障旅指定的支援区域内,为指挥官管理具备较高优先等级的维修配件。

2.配送计划的制订和整合

配送是指把后勤系统所有的要素保持同步的一种行动过程,在"正确的时间"将"正确的东西"送达"正确的地点",为地理作战司令部指挥官提供支援。负责执行配送行动的后勤人员应当确保系统和过程处于准备就绪的状态,持续不断地对物资、装备和人员的流向加以监控,提供运输资产的所在位置,以及沿主要补给线路运送关键物资的状态。

作为整个战区范围内分配流程的组成部分,保障旅负责提供物资的实体配送和分发管理工作,并负责运行和管理战区配送系统的战役与战术层级部分。配送系统包含位于保障旅指定的保障区域内,所有的运输线路、模式和保障节点。补给节点包括弹药补给点、补给支援单位和转运站,如港口和集中收发点。

运输科负责对路线容量和模式能力(为配送行动提供支援)状况,开展持续的评估。运输科结合当前行动状况,对配送系统进行评估,以此获取威胁信息、工程兵保障需求和安保需求,并与位于(师)保障小组当中的(师)运输军官进行协作。在通常情况下,保障小组由师的后勤助理参谋长负责。

通过协作,保障旅的支援作战参谋能够对当前和预期的保障能力与效果进行评估,并为保障旅制订计划和同步任务提供注意事项。师的保障小组通过确定和阐明师的机动方案、主要工作及提供支援工作,为保障旅提供协助。师的运输军官通常是师保障小组的组成部分,与其他的参谋科和指挥官共同提供工作指导,并针对运输问题展开协调。师的运输军官需要与输送控制营、输送控制小组、战斗保障支援营或保障旅的支援作战军官共同进行协作。

战区配送通过在关键的时间和地点,构建和保持战斗力来推动决定性行动。保障旅实施战区配送的关键任务包括:建立和管理多模式分发中心;同步多节点行动(内陆码头、护送车队保障中心);维持配送系统的可视化(包括陆军空中与地面运输资产的准备状况);重新分配资源,保持最优的系统效能。

保障旅将物资从卸载空港或海港,运输到涉及兵力部署、发射阵地或消耗物资的战术级区域。作为整个战区范围内配送流程的组成部分,保障旅负责把物资配送到旅战斗队和旅级以上梯队。实施战区配送的保障旅,通过控制所需要的通用型运输资产完成将物资送达战术级区域的任务。

(1)分发整合

配送综合科,根据当前行动情况对分发计划进行整合,包括同步和整合其他的作战职能,如电子战、伤病员后送、防护和火力。分发整合是作战参谋职责的转换点,有助于把作战参谋承担的当前行动职责转变成为负责控制分发行动的具体实施。作战参谋负责的当前行动需要响应与战斗命令相关的请求信息,并通过简要命令维持战斗命令的稳定性。分发综合小组将重点关注作战环境变化的情况,及时对配送计划进行相应的修改。保障旅配送计划的计划周期为72~120小时。

配送综合科通过运用相关指标,对配送系统进行评价:响应度、效益和稳健性。响应度主要是在为决定性行动提供支援过程中评估其是否具备在要求的时间和地点满足相关补给需求的能力。效益主要是评估其利用可获取的资产和最优配送系统,是否具备保证任务需求的能力。稳健性主要是在瞬息万变的作战环境中评估其是否具备不间断地为各单位提供支援的能力。

(2)运输行动

保障旅的运输科可为保障旅所属的运输资产制订运输计划,并负责实施保障司令部的运输计划。通过与物资管理和人力资源行动科开展协作,运输科将对补给、装备和人员的运输需求进行预测。此外,运输科可根据运输方式(空中、陆上和水路)和节点情况决定所能提供的运输能力,为满足运输需求提供支援,可能涉及承包商或者东道国的运输能力。运输科基于接受保障司令部所确定的优先顺序,对运输能力和运输需求进行平衡,包括就已知需求、预测需求和应急运输需求方面制订相应计划。

3. 人力资源管理

人力资源保障参谋就下级人力资源分队部署实施的计划、协作、整合和管理工作,与整个作战区域的伤病员、人员登记和邮政作业等方面的支援计划保持同步。保障旅人力资源行动科,需要接受人力资源保障中心提供的技术指导,以及作战部队副参谋长(负责人事方面)给予的行动指导。

4. 作战合同保障

保障旅的支援作战科下编作战合同保障科。战斗保障支援营通过保障旅的作战合同保障科,确立在合同签订方面的需求。同时,战斗保障支援营负责监督合同的执行情况,为保障旅支援作战提供优质资源。

根据陆军野战支援营的需求签订的合同,可在保障旅指定的支援区域内得到执行。合同责任需要取决于合同是否由位于保障旅指定的支援区域内的另一个单位负责执行,或者是否由保障旅作为接受支援单位。与合同支援相关的情况也是如此,接受支援单位是接受支援的有关组织,但不一定是承包商提供支援的请求者。因此,在签订合同或者合同变更时,需要确定签订合同军官代表的相应责任。

(四)重新部署

重新部署是指部队和物资的中转或轮替,主要用于为另一名联合部队指挥官的作战需求提供支援,或者用于将人员、装备和物资送回常驻地或复员站,有利于重新整合或调离处理。重新部署的计划制订应当提早考虑,并贯穿整个作战行动,最好在完成部署的同时完成。连级规模单位、旅战斗队,或者由于战区关闭导致的重新部署,其中涉及的程序基本相同,保障任务也基本相同,仅是涉及的范围与规模有所不同。

在对重新部署任务进行分析时,保障旅参谋人员应当考虑的问题:

哪些装备将与保障旅共同执行重新部署,哪些装备将保留在战区内;

保障旅将装备配置到常驻地的最短时间,下一次部署的时间,或者保障旅计划组织训练活动的时间;

陆军地面军事部署和配送司令部决定采用何种运输方式;

保障旅在卸载时需要使用的港口,空港和海港是否需要一起关闭;

保障旅是否负责关闭或者转移基地和前哨阵地;

为完成重新部署,保障旅是否需要独立的指挥所或者任务部队。

实施重新部署的单位可在分段运输基地进行集结。由于部队和装备正处于集结状态,为返回各自军种做好准备,因此,相关活动的重点在于集结与处理人员、归还装备,以及为推动重新部署工作进行协调,提交态势报告。

四、战区关闭

战区关闭是指从战区重新部署陆军部队和装备,裁减、拆卸或者部署陆军非队属装备与物资,以及将物资与设施转移返回东道国或者民事当局的过程。在达到预期的军事最终态势时,作战行动终止。在超出军事行动期间或者一定条件下,最高指挥官将不需要通过国家力量中的军事手段,作为实现国家其余目标的主要手段。当作战行动终止时,战区关闭行动启动。地理作战司令部指挥官负责为明确作战行动的终止标准提供意见建议。

终止标准涵盖联合部队可能需要完成的各种类型的行动,包括脱离接触、防护(包括实施货物倒流检查和病虫害管理行动的部队卫生防护支援)、冲突后行动过渡,以及重新部署。终止标准涉及从持久战斗行动开启,到作战行动终止的过渡计划的制订,直到完整地移交到民事当局为止,终止标准在制订计划期间开始发挥作用,并持续不断地融入战役层级作战行动或者重大作战行动的所有阶段。

在战区关闭期间,保障司令部将与联合部队指挥官的计划小组进行协作,保障决定应当考虑从战区重新部署陆军部队和装备的可能性。实施战区关闭任务需要与战术指挥官、基地指挥官,以及战略伙伴(包括提供支援的承包商)保持同步。图7-9在理论上描述了保障旅实施战区关闭任务时的任务编组。

如果保障旅接受指派作为司令部机关,负责监督战区关闭任务,那么保障旅的工作重点将聚焦在重新部署、非队属物资裁减,以及把物资、设施和能力移交到东道国或者民事当局。保障旅的参谋人员在作战行动过程中,需要对以下问题加以考虑:

在作战行动期间,财产统计政策的内容;

作战行动的持续时间;

需要倒流的物资种类;

倒流物资是否包括集装箱,以及集装箱的数量;

执行战区关闭任务的人员;

战略伙伴(陆军器材司令部、国防后勤机构或运输司令部)是否确认;

资产责任划分是否清晰;

保障旅是否在指定的支援区域、整个联合作战区域,或者一些其他的地理地区内负责战区关闭任务;

为国外军品销售渠道指定任务;

地理作战司令部指挥官的参谋人员,是否已经确定需要转交当地政府的不动产。

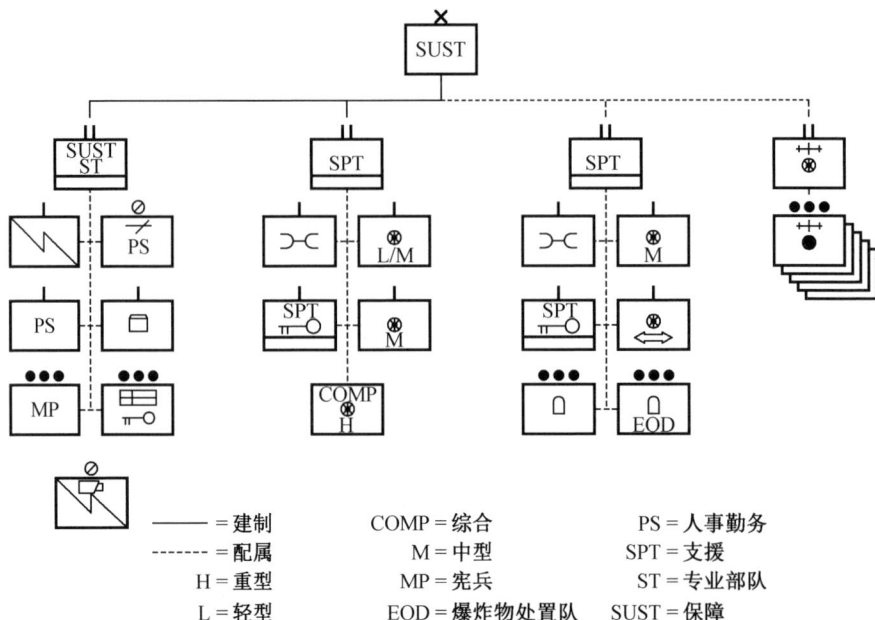

图 7-9　保障旅实施战区关闭任务时的任务编组

战斗保障支援营及其所属单位,按照保障旅下达的指示实施重新部署计划。保障旅的计划人员需要确保在为其他的单位提供持续不断的区域支援时,有专门单位负责对部队、装备和倒流物资展开重新部署。其主要职能是运输支援、整备、战略运输的集结与装载、输送控制、维修与回收支援,以及野战勤务。

理论上,保障旅隶属于保障司令部,配属于联合部队指挥官,同时保障旅与位于指定支援区域内的各单位之间存在全般支援关系。通过任务编组而成的保障旅,负责评估和处理各单位的移交情况,并协助转移士兵和装备抵达开展装载作业的空港与海港。

将设备移交到东道国或者民事当局是战区关闭涉及的另一方面,虽然建立基地是工程兵部队的责任所在,但是保障旅作为司令部机关将负责关闭位于联合作战区域内的基地。同时,保障旅和战斗保障支援营都必须熟悉与战区关闭过程相关的工程兵任务。军队工程师、民用工程师或者承包商,负责制订拆除设施的计划。设施的拆除实际上由工程兵部队负责监督,但是司令部机关必须熟悉,同时跟踪相关任务的执行。

战略伙伴对于战区关闭任务而言至关重要,陆军器材司令部需要为预置装备和战区提供装备承担相应责任。同时,陆军野战支援旅和国防后勤机构负责确定需要保障维修的装备将运往何处。陆军器材司令部代表提供处理代码,国防后勤机构代表确定处理装备与物资的具体地点。美国陆军地面军事部署和配送司令部，以及空中机动司令部负责提供港口审批职能所需要的专门保障。战略伙伴必须包含在重新部署编队的倒流计划和阶段性计划中，确保港口作业能够快速有效地执行。

保障旅指挥官和参谋人员作为相互依赖的联合部队的组成部分，可能需要向另一军种或者多国部队提供通用型后勤保障。同时，通过任务编组而成的保障旅具有涉及保障和后勤职能的营级单位，从而能够执行特定的任务。保障司令部是所有支援任务的协调纽带。多数情况下，保障旅与接受支援单位之间存在全般支援关系，保障方式将采取区域支援，保障决定应始终考虑从战区重新部署陆军部队和装备的可能性。在战区关闭期间，保障司令部需要与联合部队指挥官的计划小组开展密切合作。

（一）初始响应行动

初始响应阶段的行动通常是为维持处于危机状态的行动区域稳定而执行的活动。如果正在发生冲突，或者冲突刚刚结束或灾难后安全状态并不准许民众介入，那么，旅战斗队通常直接启动初始响应行动。初始响应行动旨在提供安全的环境，使救援部队能够为当地居民迫切的人道需求提供救助。在降低暴力和人们痛苦程度的同时，为其他参与者能够安全地加入救援工作创造条件。

（二）转换活动

稳定、重建和能力建设是在相对安全的环境中开展的转换活动。转换活动通常发生在处于危机或者脆弱状态的国家，其目的在于建立东道国内跨部门的力量。转换活动对于环境的持续稳定，以及塑造位于旅战斗队行动区域内的可持续发展能力而言至关重要。

（三）培养可持续能力活动

培养可持续能力活动是指需要长期努力的活动，有赖于能力塑造和再建设，奠定了实现可持续发展的基础条件。通常仅在环境足够安全稳定，可为实施东道国机构和经济竞争力的长期计划提供支持时，军队才会执行培养可持续能力计划。军队执行这些需要长期努力的计划，目的在于为由民众主导且更加广泛的行动计划提供支持。

在任务中实现统一行动，需要各伙伴做出贡献。合作伙伴包括外国军队和警察部队、非政府组织、国际组织、东道国组织、新闻媒体和企业，其与陆军单位之间不具备正式的关系，却有助于达到预期的结果。陆军必须与合作伙伴有效地交流信息,争取统一行动。同时,通过具体行动向东道国和国际社会展现出相应的品格、能力,以及坚持和维护军队道德的承诺。

在确定作战方法时,指挥官考虑采取失败机制和稳定机制相结合的方法。失败机制与进攻和防御行动有关,而稳定机制涉及稳定行动任务、防护和巩固位于作战区域内的成果。与旅战斗队采取的稳定机制有关的规划行动需要综合的方法,以及对稳定环境的深入了解。规划必须嵌套在政策、内部防御和发展战略、竞选计划,以及其他高层计划中。为了应对持续和开放的变化,规划需要确定如何协助外国安全部队,以及通过计划一系列行动改变基本态势。同时,规划需要预测行动后果,制定减轻这些后果造成影响的方法,以此为建立持久稳定和平提供支持条件。

第八章　国外陆军战区保障任务式指挥

国外陆军保障旅的任务式指挥、作战流程、指挥所行动,以及保障旅指挥官和战斗保障支援营指挥官如何将参谋人员编组成为各职能一体化小组,从而发挥各个小组在指挥所的功能,是战区保障实践活动实施的关键所在。

第一节　指挥系统

任务式指挥既是一种指挥哲学,也是一种作战职能。任务式指挥的运用,有助于指挥官熟练地行使权力,掌握各种系统和程序,从而帮助部队完成任务。指挥官通过运用任务式指挥作战职能,协助自身整合和同步各项作战行动。相较于具体的命令式指挥,任务式指挥往往具有分散、灵活的特点。任务式指挥的不确定性,要求在指挥官、下属和伙伴之间营造互信和共识的氛围。

一、任务

指挥官是任务式指挥中的核心人物。参谋人员履行提升作战效果的基本职能,指挥官担负完成指定任务的最终责任。在整个作战行动过程中,指挥官需要明确自身意图,鼓励下属发挥主动性,并给予充分的指导,从而有利于在决定性时间和地点整合与同步部队行动。因此,指挥官应当完成三项主要的任务式指挥作战职能任务:通过理解、设想、描述、指挥、领导和评估活动,推动作战行动流程;在本单位内部打造团队,并与联合部队、机构和多国伙伴建立团队关系;向位于本单位内部与外部的受众,告知相关信息并施加相应的影响。

保障旅指挥官与受支援部队的机动指挥官、参谋人员和战略伙伴展开积极协作,形成共同的认知。保障旅指挥官在认知作战环境后,开始着手构想作战行动的最终态势及解决问题的可行方案。在此基础之上,指挥官做出决策,并在整个作战流程中指导行动。

保障旅指挥官不能依赖于事先在驻防所在地建立的约定俗成的关系,相反应当运用技巧打造高效的团队,从而推动陆军与联合部队、机构、多国部队形成合力。

保障旅指挥官通过运用信息和影响活动,确保各类行动、主题和信息之间相互支持、互为补充,从而有利于实现目标。信息主题是一种统一或者主导的思想或者形象,其作用在于表达行动背后的目的。信息针对的是特定受众,通常采取口头、书面或者电子信息的形式传达,为针对某一受众的信息主题提供支援。

参谋人员通过完成4项主要的作战职能任务协助指挥官实施任务式指挥,包括执行计划、准备、实施和评估的作战流程,实施知识管理和信息管理,同步与信息相关的能力,实施网络电磁活动。

(一)执行计划、准备、实施和评估的作战流程

作战流程包括在作战行动中开展的主要任务式指挥活动,具体是计划、准备、实施和评估行动。在推动作战流程的同时,指挥官应当始终聚焦作战行动的各个主要方面。参谋人员负责实施作战流程中的各项工作,以及协助指挥官处理计划、准备、实施和评估工作当中的各项细节工作。

受领任务后,保障旅拟制计划,拉开作战流程的序幕,其结果是形成一份计划或者作战命令,用于指导部队实施作战行动。针对某一具体作战行动的准备工作始于计划阶段,并贯穿于实施阶段始终。实施把计划转化为具体行动。制订未来行动计划是基于对作战流程的评估。评估是持续不断的,并对计划、准备与实施三项活动造成影响。

保障旅的作战行动遵循8项原则,即一体化、预见性、响应性、简易性、经济性、生存力、持续性及应变性。指挥官运用上述保障原则,对从计划阶段到实施阶段的各项工作提供指导,从而平衡任务需求与可用资产和资源之间的矛盾。

保障原则在维持战斗力,确保战略与战役能力,以及在陆军部队战斗力持续生成方面发挥着重要作用。保障原则既彼此独立,又相互支持。如果运用得当,保障原则能够启迪思想,使指挥官和参谋人员更有效地运用知识、经验和判断力。保障原则的运用情况,在整个计划阶段都需要予以考虑,在作战行动实施期间展开评估,在作战行动结束之后需要立即进行总结。

(二)实施知识管理和信息管理

知识管理能够加快参谋人员、指挥官和部队之间的知识传递。知识管理能够使位于组织机构内的人员、流程和工具保持步调一致,从而有助于传播知识、增进了解。指挥官对所提供信息和知识做出判断,有助于了解作战环境、洞悉作战优势。

保障旅副指挥官是保障旅负责知识管理的高级军官,为保障旅指挥官提供有关知识管理方面的意见建议。保障旅副指挥官还负责为各个参谋科和下级单位的活动提供指导,从而获取和传播涉及组织的相关知识。保障旅通信参谋

通过提供网络架构和必要的技术工具,为内容管理和知识共享提供保障,从而实现有效的知识管理。

保障旅指挥官需要持续不断地了解作战环境,从而有利于做出决策。保障旅参谋研究作战环境,确定信息缺口,并协助指挥官创建和满足信息需求。在作战环境、作战目的、问题和解决方法上达成的共识,将为形成合力和互信奠定基础。参谋人员将运用信息管理协助指挥官建立和保持对作战环境的理解。

(三)同步与信息相关的能力

与信息相关的能力,指的是在信息环境维度中所使用的工具、技术,或者采取的活动,能够用于形成影响力,以及创造所需要的作战条件。保障旅特业参谋负责协助保障旅指挥官生成有关的主题与信息,在整个作战流程中向国内对象实施宣传,对外国持友好、中立、敌对态度的民众产生影响;负责协调与信息相关能力的活动与行动,整合和同步所有的行动与信息,从而形成凝聚力。

指挥官能够支配的所有资产和能力,可以发挥不同程度的信息告知与宣传效果。保障旅公共事务参谋、士兵及领导者的参与,成为保障旅的主要能力。

(四)实施网络电磁活动

在参谋人员的协助下,指挥官整合网络行动、电磁频谱行动及电子战。在保障旅范围内,实施的网络电磁活动必须在各个指挥梯队及作战职能上形成融合与统一。保障旅作战参谋是保障旅范围内电子战能力的主要组成部分。保障旅通信参谋负责网络行动中的网络电磁活动。

二、任务式指挥系统

保障旅配有任务式指挥系统,该系统能够提高指挥官实施作战行动的能力。指挥官可运用任务式指挥系统完成以下任务:为指挥官决策提供支援;收集、生成和维护相关信息,生成知识产品,从而为指挥官和领导者了解情况和构想行动提供支援;准备和下达指令;构建指挥官和领导者沟通、协调,以及推动各小组运行的有关手段。

为了实现上述4项职能,保障旅指挥官将任务式指挥系统划分为6个部分:人员、网络、自动化系统、流程与程序、设施与装备、作战能源。

(一)人员

保障旅的任务式指挥系统并非聚焦于技术层面,而是针对训练有素的官兵和下级指挥官,他们将按照指挥官意图发挥自身主动性,并完成指定任务。负责协助指挥官的关键人员,包括副指挥官、一级军士长、联络官和参谋人员。

保障旅副指挥官是该旅指挥官的主要助手。保障旅指挥官将下放权力给副指挥官,使副指挥官可以履行特定的职能和职责。此外,当要改变作战设想或者意图时,指挥官应将改变情况向指挥人员进行通报。

保障旅指挥官负责在整个作战区域内任用指挥军士长,并由指挥军士长负责扩大指挥的影响力、评估部队士气,以及在关键事件提供协助。

保障旅参谋人员是任务式指挥系统的重要组成部分。在保障旅副指挥官的领导下,参谋人员协助指挥官理解态势、实施决策,并在作战流程的全过程贯彻指挥官的决心。作为该旅任务式指挥系统的组成部分,参谋人员接受保障旅指挥官的系统安排,主要履行三大职能:为指挥官提供支援,协助下级单位,为位于司令部机关外部的单位和组织提供相关通报。

(二)网络

网络是指由于某一目的而联系在一起的一组事物,使指挥官能够传达信息和控制部队。网络是成功实施作战行动的关键赋能因素。保障旅指挥官通过建立网络,将相关人员联系在一起。联系可以通过社会交往建立,如两个人执行一项任务,也可以通过技术手段建立,如构建信息系统。

(三)自动化系统

保障旅指挥官要确定参谋人员和所在单位在运用自动化系统时需要满足的相关信息需求。自动化系统,包括计算机与通信设备,以及设备的使用政策与程序。通过自动化系统,部队可广泛共享信息、开展协作式计划、实施和评估活动,从而形成统一的认知。核心系统包括:"全球战斗支援系统——陆军";"分布式通用地面系统——陆军";从联合力量投送和"联合力量投送——后勤",过渡到"联合战斗指挥平台"和"联合战斗指挥平台——后勤";数字式地形支持系统;未来指挥所。

(四)流程与程序

保障旅指挥官通过创建和使用系统化流程与程序,组织保障旅司令部机关内的相关活动。流程是为了实现最终态势所采取的一系列行动,如军事决策流程。程序是一系列标准、详细的步骤,通常由参谋人员负责使用,主要描述如何执行具体的任务以达成预期的态势。

（五）设施与装备

保障旅指挥官负责布设各类设施与装备，包括指挥所、平台、作战中心、通信节点及所有的任务式指挥保障装备。设施是指为任务式指挥系统的其他组成部分提供工作环境和庇护所的相关场所或者地点。

（六）作战能源

保障旅将考虑在制订任务计划及任务实施环节所需要的作战能源。作战能源是指在训练、调动、保障各部队和系统在开展军事行动时，所需要的能源、系统、信息及各种流程的总和。各级指挥官必须想方设法地节约，或者降低在军事行动过程中对作战能源资源的消耗。通过节约能源资源，指挥官能够减少执行再补给行动的次数、提高车辆与装备的使用效率，并减少对环境造成的破坏。在持续过程中，指挥官必须对作战行动实施计划与监督，降低能源消耗量，使用可替代能源，以及采用最新的节能技术。在管理和遂行补给与野战勤务行动时，组合使用最好的方法、技术和纪律，将有助于拓展作战能力，并降低任务的风险性。

第二节　指挥所分队和参谋人员

保障旅及其下级单位指挥所开展的各类活动，其目的在于为保障任务、指挥官分派的任务，以及所有指挥所的共同任务提供支援。同时，保障旅副指挥官负责制订和领导指挥所的各项行动计划。指挥所是部队的司令部机关，是指挥官和参谋人员履行本职工作的场所。保障旅及其下级单位指挥所的职能，包括计划和准备作战行动，控制作战行动、整合资源及同步当前行动，接收、分析和发布信息，撰写报告。

指挥所可分为三种类型，即基本指挥所、战术指挥所和先期进入指挥所。基本指挥所是大部分参谋人员的工作场所，旨在控制当前行动、对未来行动展开具体的分析与计划。战术指挥所是部队司令部机关部分人员的工作场所，旨在有限时间内控制部分的作战行动。先期进入指挥所由司令部机关的先头分队组成，旨在由该指挥所负责控制作战行动，直到司令部机关的剩余人员完成部署，并实现正常运行为止。

保障旅司令部机关布局及其建制通信能力，为指挥官提供了灵活的任务式指挥结构，从而为基本指挥所和先期进入指挥所提供保障。保障旅的基本指挥所，包括各参谋科代表和一整套信息系统，用于计划、准备、实施和评估作战行动。同时,指挥官应当首先考虑指挥所的规模、地点与机动需求,而后再考虑如何配置指挥所。

图8-1展示了保障旅指挥所的配置。图中所使用的装备是通过组织与装备表,或者通用装备表进行授权的装备。指挥官可根据任务变量,增加或者减少对装备与空间的需求。

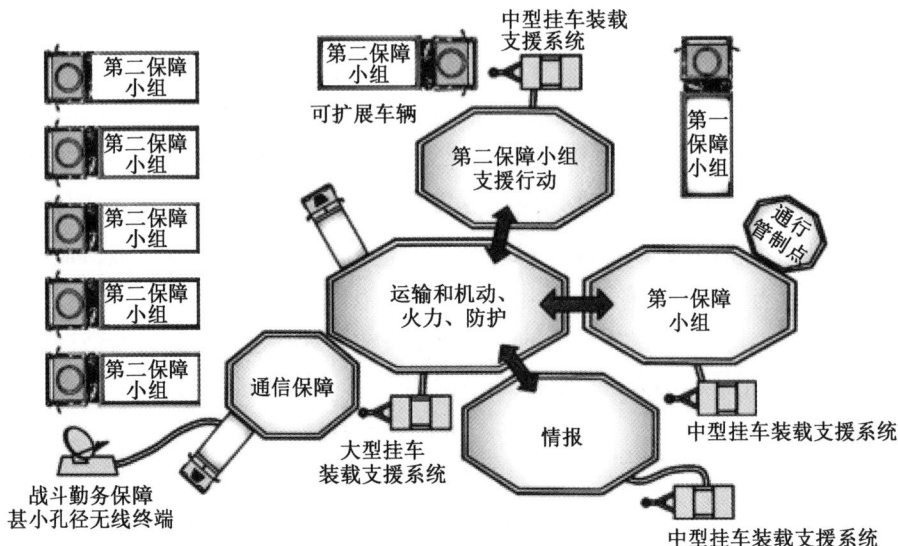

图8-1 保障旅指挥所配置

由于战斗保障支援营司令部机关并不具备建制通信能力,因此战斗保障支援营将依靠保障旅或者远征通信营,为指挥所提供通信保障。战斗保障支援营的基本指挥所将编配各参谋科代表和一整套信息系统,用于对作战行动展开计划、准备、实施和评估。战斗保障支援营副指挥官负责领导和开展对基本指挥所参谋人员的监督工作。

高效的指挥所行动需要经常性的训练提供保障,包括构建和开展参谋人员的战斗演习。参谋人员战斗演习的次数和难度根据组织机构的不同而各不相同,正如指挥官多元化的性格一样,开展的训练也是多种多样的。

指挥官将指挥所编组成为职能小组和综合小组。职能小组按照作战职能(任务式指挥除外)将人员与装备进行分组。由于整个指挥所负责协助指挥官实施任务式指挥,因此指挥官并不具备构建特定任务式指挥的职能小组。由于所有参谋人员负责协助指挥官完成任务式指挥作战职能的具体任务,所以指挥所将作为一个集体,包括指挥官、副指挥官和指挥军士长,成为任务式指挥作战职能的具体体现。

一、保障旅职能小组

职能小组围绕作战职能,对部队和行动展开协调与同步。位于保障旅指挥所内的职能小组,包括情报、运输和机动、火力、防护、保障等小组。职能小组采用标准化方法,垂直整合紧密相关的任务。指挥官负责确保指挥所的所有职能得以执行。但并非所有的作战职能都由参谋人员负责履行,因此对于保障单位而言确保所有作战职能的执行是其需要面对的一项挑战。

(一)情报小组

保障旅指挥所情报小组的成员,包括负责当前行动的旅情报参谋,以及负责地理空间的旅情报参谋。情报参谋人员负责协调相关活动与系统,从而协助指挥官了解威胁、地形、天候和民事因素。情报小组负责申请、接收和分析所有来源的信息,以此生成和分发情报产品,包括与情报流程、战场作战空间的情报准备、军事决策程序,以及信息收集与确定目标等方面有关的任务。

(二)运输和机动小组

保障旅指挥所运输和机动小组成员主要由保障旅的作战参谋构成,主要负责协调相关活动和系统,通过部署部队,为满足任务需求提供支援。保障旅的作战参谋通过不断地更新运行评估、同步矩阵和决策支援模板,保持保障旅步调一致,在时间、空间、目的和作战职能方面,实现全面、高效地筹划任务式指挥活动,从而有效地完成任务。

(三)火力小组

火力小组负责协调、计划、整合和同步对火力系统的运用与评估。火力系统对当前行动和未来行动提供保障。可在保障旅的作战参谋中,配备一名具有步兵附加技能标识的作战军官,使其成为保障旅指挥所火力小组内的作战参谋,负责协调与电子战相关的活动与系统,实现集中协调运用电子战能力,从而为保障行动提供支援。

(四)防护小组

保障旅指挥所防护小组,由保障旅的作战支援小组作战参谋构成。防护小组通过风险管理为部队展开的活动与系统提供防护,包括与保护人员、实物资产和信息相关的任务。保障旅防护小组由参谋科的化生放核、工程兵及作战行动安全参谋人员组成。

（五）保障小组

保障旅指挥所下编两个保障小组。保障旅人事参谋、保障旅后勤参谋、保障旅财务管理参谋，以及保障旅军医构成第一保障小组。第一保障小组负责通过协调相关的活动与系统，为隶属或者配属于保障旅的单位提供人事管理、后勤保障、财务管理及陆军卫生系统保障。保障旅支援作战参谋构成第二保障小组，负责通过协调相关的活动与系统，为接受支援的部队提供支援和勤务保障，从而确保接受支援的机动指挥官行动自由、拓展作战空间及延长持续作战的能力。

（六）其他参谋机构

除上述保障小组外，保障旅指挥所还有其他参谋机构，如保障旅通信参谋科。保障旅通信参谋科，负责为保障旅指挥所建立和维护网络架构，如任务式指挥系统、后勤信息系统、邮件与语音通信系统。同时，保障旅通信参谋还负责实施网络行动。

二、保障旅综合小组

保障旅可从水平方向整合三个综合小组，从而使三个计划制订周期（或者作战行动阶段）保持同步。计划制订周期是指挥官用于聚焦所在组织的计划工作，塑造未来事件的一个时间点。计划周期可分为短期、中期和长期，分别对应位于司令部机关的当前行动小组、未来行动小组和计划小组三个综合小组。与计划周期相关的时间表，将取决于各单位、作战和任务变量，如保障司令部与连级单位司令部的长期计划周期就有所不同。

保障旅编有一个小规模的计划股，通常用于组成长期计划小组。大多数保障旅参谋人员需要平衡其在当前行动小组与计划小组之间的工作。来自支援作战分发计划和整合股的有关人员，将与参谋代表按照要求共同完成中期计划（未来行动）。此外，作战参谋还负责遂行诸多与短期计划制订和实施（当前行动）方面相关的任务。职能小组代表和特业参谋，将按照要求协助完成短期计划的制订与实施工作。

（一）当前行动小组

保障旅指挥所的当前行动小组是负责实施作战行动的主责单位。当前行动小组的主要职责，包括评估当前态势，根据任务、指挥官意图及作战构想调整兵力部署与作战职能。根据需要，当前行动小组负责展示通用作战态势图，实施轮岗、评估和落实其他简报,并为参谋人员及上级、下级和友邻单位提供作战态势信息。作战协同会议是保障当前行动战斗节奏最为重要的项目。保障旅作战参谋是当前行动小组中重要的组成部分。各参谋科的参谋人员或者值班军官,以及下级和友邻单位的联络官构成当前行动小组的其他部分。各参谋科采取常驻或者待命的形式,参与到当前行动小组中。

(二)未来行动小组

未来行动小组负责在中期计划周期制订相关的行动计划。保障旅指挥官必须执行中期计划任务,包括考虑车队保障中心、集中接收与装运站及其他有助于提升当前行动持续性的任务需求。由于未来行动小组是计划小组与当前行动小组之间的桥梁,因此,未来行动小组负责监督当前行动,并确定在中期计划周期中实施行动可能遭受到的影响。在当前行动小组的协调配合下,未来行动小组评估是否需要修改正在实施的有关行动,从而实现当前阶段的目标。

保障旅支援作战分发计划和行动股,负责对为当前行动提供保障的分发计划与人力资源计划涉及的详细信息进行更新和增补。保障旅作战科的作战参谋,负责对当前行动的预期分支计划涉及的详细信息进行更新和增补,并为实施后续行动制定必要的命令。同时,保障旅支援作战分发计划和行动股,也负责制定补充命令,以完成相应的更改工作。

(三)计划小组

保障旅指挥所计划小组,负责在长期计划周期中制订作战行动计划。该计划小组通过制订计划和拟制命令,为当前命令范围以外的作战行动做好准备,其中包括制订分支计划与后续计划。同时,保障旅的作战参谋负责为未来行动制订相关计划。保障旅的各参谋科人员,需要在当前行动小组与计划小组间做好各项工作的平衡。保障旅支援作战参谋,负责在计划和命令中形成支援构想。分发计划和整合股是支援作战科与计划小组间的桥梁,负责伤亡人员、人员登记统计、邮政作业的人力资源计划,并为决定性行动任务提供支援的保障行动展开后勤评估。图8-2对保障旅综合小组的职能进行了描述。

三、战斗保障支援营职能小组

位于战斗保障支援营指挥所内的职能小组,是负责情报、运输与机动、火力、防护,以及保障职能的各小组。图8-3展示的是战斗保障支援营指挥所的配置。图中使用了组织与装备表,或者通用装备表所授权的相关装备。战斗保障支援营指挥官根据任务变量,对指挥所的配置情况进行调整。

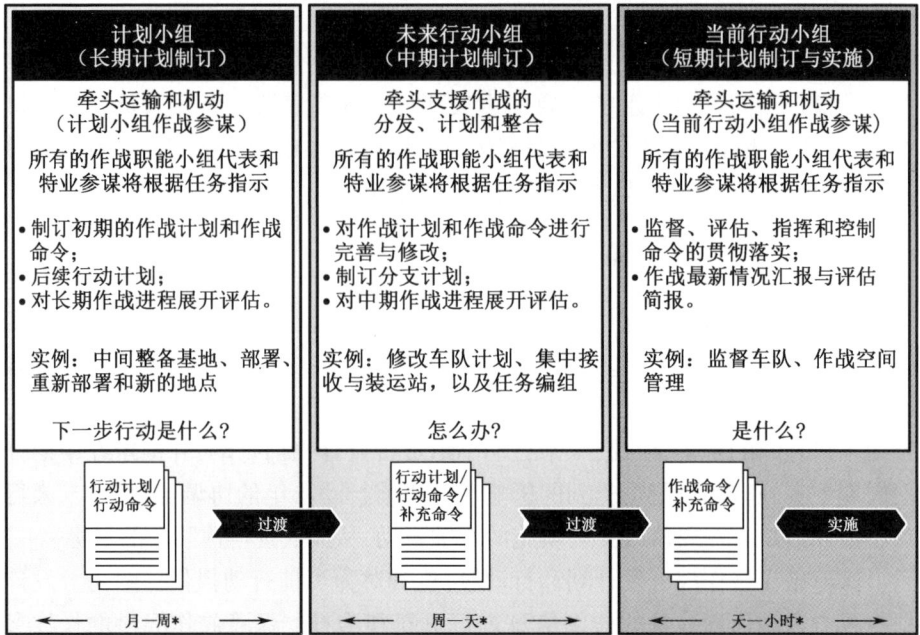

计划小组 （长期计划制订）	未来行动小组 （中期计划制订）	当前行动小组 （短期计划制订与实施）
牵头运输和机动 （计划小组作战参谋）	**牵头支援作战的** **分发、计划和整合**	**牵头运输和机动** （当前行动小组作战参谋）
所有的作战职能小组代表和 特业参谋将根据任务指示	所有的作战职能小组代表和 特业参谋将根据任务指示	所有的作战职能小组代表和 特业参谋将根据任务指示
• 制订初期的作战计划和作战 命令； • 后续行动计划； • 对长期作战进程展开评估。	• 对作战计划和作战命令进行 完善与修改； • 制订分支计划； • 对中期作战进程展开评估。	• 监督、评估、指挥和控制 命令的贯彻落实； • 作战最新情况汇报与评估 简报。
实例：中间整备基地、部署、 重新部署和新的地点	实例：修改车队计划、集中接 收与装运站，以及任务编组	实例：监督车队、作战空间 管理
下一步行动是什么？	怎么办？	是什么？

图 8-2　保障旅综合小组职能

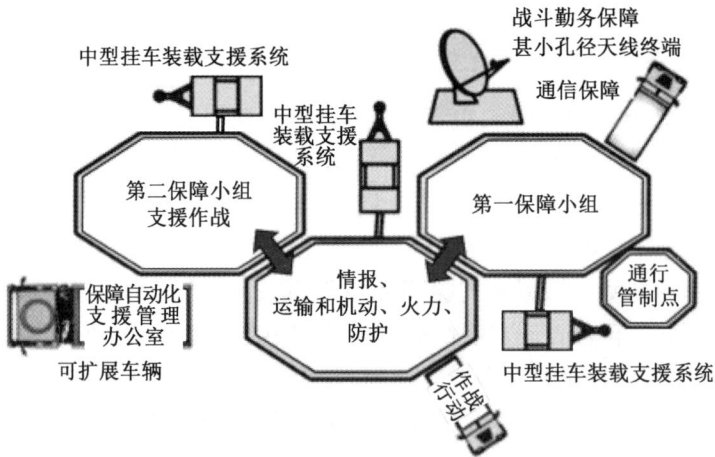

图 8-3　战斗保障支援营指挥所配置

（一）情报小组

战斗保障支援营情报小组由当前行动科情报参谋组成，负责协调有助于指挥官了解风险、地形、天候和民事因素的相关活动与系统。情报小组负责申请、接收和分析来自各种来源的情报，从而形成和分发情报产品，包括与战场作战空间情报准备相关的主要任务。

（二）运输和机动小组

战斗保障支援营运输和机动小组由当前行动小组的作战参谋组成，主要负责协调与引导部队满足任务需求的活动和系统。战斗保障支援营的作战参谋，通过不断更新运行中的评估矩阵、同步矩阵及决策支援模板，保持作战行动的协调统一，在时间、空间、目的及作战职能方面，实现全面、高效地部署任务式指挥活动，从而有效地完成任务。

（三）火力小组

战斗保障支援营火力小组由当前行动小组的作战参谋组成，负责协调与电子战相关的活动与系统，实现集中协调运用电子战能力，从而为配送行动提供支援。

（四）防护小组

战斗保障支援营防护小组由当前行动小组的作战参谋组成，负责协调与保护部队开展风险管理相关的活动和系统。战斗保障支援营防护小组，负责与人员、实物资产和信息等防护有关的任务。

（五）保障小组

战斗保障支援营下编两个保障小组。战斗保障支援营人事参谋、后勤参谋和部队牧师小组构成第一保障小组，负责通过协调相关的活动和系统，为隶属或者配属于战斗保障支援营的单位，提供人事管理、后勤保障、财务管理及宗教保障。战斗保障支援营的支援作战参谋构成第二保障小组，负责通过协调相关的活动和系统，为接受支援的部队提供支援和勤务保障，从而确保接受支援的机动指挥官行动自由，拓展作战范围，以及延长持续作战的能力。

（六）其他参谋机构

除上述小组外，战斗保障支援营还有其他参谋机构，如通信参谋科。通信参谋科，负责为战斗保障支援营建立和维护网络架构，如任务式指挥系统、后勤信息系统、邮件与语音通信系统。同时，支援作战科所属的保障自动化支援管理办公室将与通信参谋展开密切合作，从而确保在编制信息网络构建的网络计划和图表时,能够将后勤信息系统考虑在内。

四、战斗保障支援营综合小组

战斗保障支援营综合小组按照计划周期编组而成,负责在某一指定的计划周期内,对部队和作战职能进行协调与同步,包括当前行动小组和未来行动小组。战斗保障支援营依赖保障旅制订长期计划。

(一) 当前行动小组

战斗保障支援营的当前行动小组是实施作战行动的重要小组,职责包括评估当前态势,以及根据任务、指挥官意图和作战构想对部队的部署和作战职能进行调整。根据需要,战斗保障支援营的当前行动小组负责展示通用作战态势图,实施轮岗、评估和落实其他简报。当前行动小组还负责为所有的参谋人员,以及上级、下级和友邻单位提供作战态势信息。作战协同会议是保障当前行动战斗节奏最重要的项目。

战斗保障支援营的作战参谋科,是当前行动小组的重要组成部分。各参谋科的参谋人员、值班军官,以及下级和友邻部队的联络官构成当前行动小组的其他部分。各参谋科采取常驻或者待命的形式,参与到当前行动小组当中。

(二)未来行动小组

战斗保障支援营未来行动小组,负责在中期计划周期内,制订相关的行动计划。未来行动小组是当前行动小组与保障旅计划小组之间的桥梁,负责监督当前行动,以及确定在中期计划周期实施行动可能受到的影响。在当前行动小组的协调配合下,未来行动小组评估是否需要修改正在实施的有关行动,从而实现当前阶段的目标。战斗保障支援营未来行动小组,重点关注对当前行动展开的调整,包括有助于提升当前行动持续性的兵力部署。

战斗保障支援营的作战参谋,负责对当前行动的预期分支计划的详细信息进行更新和增补,为实施后续行动制定必要的命令,并为实现相应更改制定所需要的补充命令。战斗保障支援营的支援作战参谋负责实施支援构想,通过实施后勤行动,为决定性行动任务提供支援。

第三节 环境保障、风险管理与持续性活动

保障旅指挥官和参谋人员,通过运用一体化流程和持续性活动整合作战职能,从而实现部队同步。

一、环境保障与风险管理

保障旅运用一体化流程,使整个作战流程内的具体职能保持同步。保障旅使用两套一体化流程,即环境保障和风险管理。

(一)环境保障

环境保障,即作战环境的保障准备,是指对位于作战环境当中的基础设施、环境因素和资源展开分析判断,以确定是否对己方部队用于保障和支援指挥官作战计划的手段实施优化,以及是否将造成不利影响。环境保障能够识别对保障行动产生影响的己方资源(东道国支援、合同保障资源及其他可获得的资源),或者环境要素(流行病和气候)。同时,环境保障能够协助负责制订计划的参谋人员,对后勤评估和支援构想进行完善。在作战流程期间,环境保障一体化将成为保障旅情报参谋的主要职责。

(二)风险管理

识别风险并慎重考虑接受风险是任务式指挥的一项重要原则。在整个作战流程中,指挥官和参谋人员通过运用风险管理发现和降低风险,涉及所有可能伤害或者夺取己方人员与普通民众生命,以及损坏装备或者其他影响任务完成效率的危险。在作战流程中,所有活动的风险管理一体化将成为保障旅防护小组作战参谋的主要职责。

二、持续性活动

在整个作战流程中,由于需要实施多项任务,保障旅指挥官和参谋人员需要计划和协调持续性活动。

(一)战斗节奏

保障旅指挥官和参谋人员,负责整合和同步位于保障旅本级司令部机关内部,以及与其上级司令部机关、下级单位和受支援单位的诸多活动、会议和报告。司令部机关的战斗节奏,包括一系列按照时间和目的保持同步的会议、报

告需求及其他活动,是部队战斗节奏的组成部分。活动可在每日、每周、每月或者每季度开展。有效的战斗节奏有利于使参谋人员的互动和协作形成惯例;有利于指挥官、参谋人员和下级单位之间的互动;有利于参谋人员制订计划,以及指挥官做出决策。

指挥官需要根据作战进程对战斗节奏进行调整。在整个作战行动过程中,保障旅的任务、任务编组及受支援单位将发生变化,并将导致部队战斗节奏的调整。

(二)信息收集

信息收集是对传感器和资产的计划与使用进行同步和整合,以及通过处理、利用和配送系统为当前行动与未来行动提供直接支援的活动。信息收集负责整合情报参谋和作战参谋的相关职能,并聚焦于满足指挥官的关键信息需求。信息收集是保障旅的作战参谋和情报参谋的主要职责。保障旅具备的无人空中监视能力,能够履行信息收集职能。

指挥官的关键信息需求和决策点,聚焦于参谋人员对相关活动的监视,以及确定部队情报收集工作的重点。己方报告、返程车队的简报,以及来自通用作战态势图的信息都将用于监视作战行动。保障旅指挥官和参谋人员需要不断地及时收集、核实和分析信息,以满足指挥员的关键信息及其他信息的需求。在执行作战环境的保障准备工作中收集的信息也可用于生成信息需求。有效的信息需求,包括在任务分析过程中,基于假设确定的信息需求,协助信息收集人员确定预期活动的相关指标,以及专门的报告指示。

(三)联络

联络是指在军队内部或者其他机构之间保持的接触或者通信联络,以确保相互了解,以及目的与行动的一致性。联络最常用于建立和保持密切沟通,可以保证各司令部之间持续的、直接的、面对面的联系。保障旅指挥官负责与上级单位、下级单位、友邻单位、支援单位、被支援单位和民间组织开展协调。保障旅需要派遣联络员参加各种管理委员会、办公机构和工作组,但指挥官必须明白,派遣联络员势必增加本单位参谋人员的负担,因此,必须权衡联络工作需求与参谋行动需求之间的关系。

协调和实施联络工作,有助于确保位于司令部机关内部和外部的领导者了解本单位在即将开展的行动中承担的职责,并确保领导者做好履行相关职责的准备。可供获取的资源,发送与接收司令部机关之间直接接触的需求,决定了建立联络所需要花费的时间。由于外部组织的多样性,以及协调面临的挑战,使得与民间组织建立联络对稳定行动而言显得尤其重要。由于某一单位派遣的联络员无法开展日常的本职工作，因此，联络员所在单位必须根据任务保障的具体状况，仔细考虑派遣联络员的数量。

保障旅派遣联络员前往保障司令部、接受支援的陆军部队、师的司令部机关、联合行动伙伴，或者将视具体情况前往其他的组织。派遣到保障旅的联络员，包括受支援单位的保障参谋人员、提供支援的承包商，以及东道国代表。保障旅指挥官和参谋人员需要对每一名联络参谋的职责、派遣地点、执行的任务，以及联络官使用和访问局域网的需求与权限等问题加以考虑。

（四）会议

会议将占用保障旅和战斗保障支援营的大部分战斗节奏。会议主要用于展现与交流信息、解决问题、协调行动，以及做出决策。参会人员为参谋人员，或者指挥官与参谋人员，或者本级指挥官、下级指挥官、参谋人员和其他伙伴。根据需要，参会人员也将出席保障司令部召开的同步会议、运输管理委员会、采购审查管理委员会，以及其他适用的会议与管理委员会。在某些情况下，保障旅将出席被支援单位主办的最新情况汇报、各种会议和管理委员会。

（五）防护

防护是指保持部署，或者位于指定作战区域内外与任务有关的军人、文职人员、装备、设施、信息及基础设施的有效性和生存性。在整个作战行动过程中，指挥官和参谋人员负责同步、整合和组织各种能力与资源，保持战斗力，并减轻威胁和危险所带来的影响。防护活动是保障旅防护小组作战参谋的主要职责。

（六）报告

保障旅和战斗保障支援营负责呈报多种类型的报告，并非局限于后勤状态报告。标准化的报告和文电格式适用于书面和口头两种模式。标准化格式对于负责撰写报告或者标准作业程序的参谋人员而言，是一种非常有效的工具。标准化的报告和文电格式有助于用户撰写和手动传输书面和口头的报告与文电。每一种格式都提供了成体系的模板用于记录、传送和存储信息。同时，所有格式都列出了相应的条令作为参照。保障单位应当保留书面报告技能，从而防止在作战行动期间因断电无法实施口头报告的情况发生。

保障旅指挥官使用后勤状态报告确定后勤需求，从而为决定性行动提供支援。后勤状态报告可为通用作战态势图、运行评估及后勤同步情况提供相关信息。后勤状态报告是在行动之前需要分析的数据汇编,反映了当前库存状态情况、现有数量及未来的需求。常见的后勤报告,包括后勤状态报告、散装油料报告和维修状态报告等。

虽然任务式指挥系统使获取和传播数据信息变得更容易、更快速,但是参谋人员仍然应确保指挥官和计划人员所使用的数据真实、可用。自动化后勤信息系统和任务式指挥系统的价值在于使位于网络上的每一名用户都能够看到和使用提交的有关信息。所有请求的数据及分析的数据都应与指挥官的关键信息需求有所关联。

在考虑到起始时间和提交报告的时间时,相关组织的战斗节奏将成为至关重要的因素。应当留出足够的时间对数据进行分析,从而为指挥官提供与未来行动方案相关的意见建议,且该意见建议应当是经过深思熟虑的。参谋人员必须在提交报告的及时性与分析报告所需要的时间之间进行权衡。

报告仅需要收集能够转化成信息且能够用于决策的数据。例如,分析后勤状态时应考虑各类补给的状态,预期支出比率的变化,对后勤部队行动能力产生重要影响的事件,对战术部队的后勤态势产生重要影响的事件,关键的低密度装备,后勤信息系统的连接状态,路线和运输节点的状态,以及分发平台具备的能力。

所有保障旅的参谋人员都有义务审查收到的报告,并参与制定要发出的报告。保障司令部和被支援单位的后勤参谋,或者后勤助理参谋长需要访问后勤状态。图8-4展示了保障旅或战斗保障支援营的后勤状态报告流程。

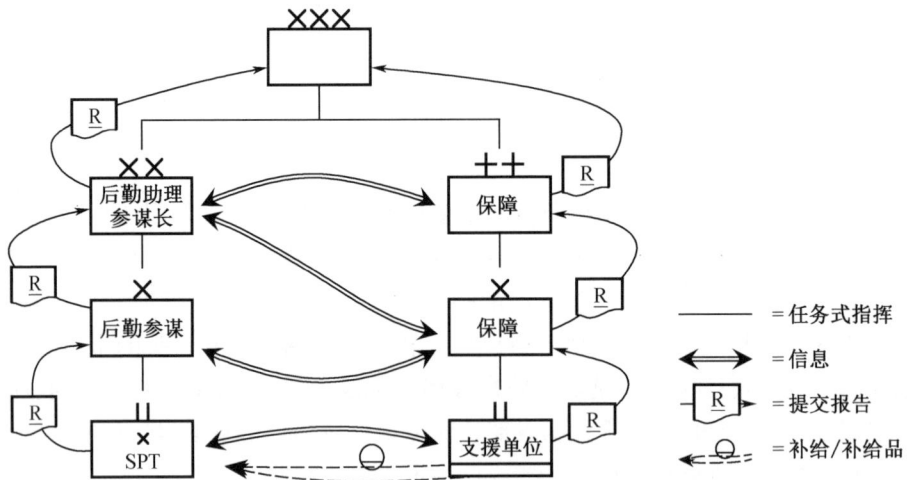

图8-4 保障旅或战斗保障支援营的后勤状态报告流程

（七）运行评估

每一名参谋人员及指挥所职能小组负责维持运行评估,重点关注如何配置各自特定的专业领域,从而为未来行动提供保障。运行评估是对当前态势展开的持续性评估,用于判断当前行动是否与指挥官意图保持一致,以及精心计划的未来行动可行性。运行评估可以采取口头或书面形式。运行评估中的信息包括如何将信息融入作战流程,以及通用的运行评估格式。

指挥官可选用不同类型的运行评估格式,以开发和维护可被通用运行评估格式识别的有效信息。使用现有制订计划的工具,如作战后勤计划者和自动化报告系统,可为运行评估开发提供输入。维护运行评估,是一种确保协作成功的实践活动。

（八）警戒行动

在整个作战行动实施过程中,保障旅指挥官和参谋人员需要不断地计划和协调警戒行动。指挥官负责警戒行动,目的在于提供敌方行动的准确预警,为接受保护的部队提供对敌方行动做出反应所需要的时间和机动空间,构建有关态势,为指挥官有效部署提供保障。同时,警戒行动也是保障旅防护小组作战参谋的主要职责。

（九）标准作业程序

从指挥所运行和工作流程而言,经过检验和实践的标准作业程序具备综合性,同时也聚焦于指挥所的核心职能。标准作业程序仅在需要适应特定需求或特定情况时才能进行修改。因此,在必要的情况下,指挥所标准作业程序应当与被支援单位的标准作业程序互为补充。指挥所标准作业程序,包括标准化的指挥所布局、战斗训练、战斗节奏、通信、报告提报程序和报告格式。管理上最为成功的单位,在整个训练和任务执行期间都自始至终地遵守和及时修改标准作业程序。

第四节　指挥流程

陆军领导者依据作战和任务变量对作战环境进行分析,以计划、准备、实施和评估作战行动。作战变量,包括政治、军事、经济、社会、信息、基础设施、地理环境和时间。任务变量,包括任务、敌情、地形和天候、可用兵力与支援、可用时间及民事考虑。在特定的态势、领域(陆上、海上、空中、太空或网络空间)、作战区域或关心地域内,作战变量与任务变量相互影响,可用于描述指挥官所处的作战环境。通过了解与任务变量有关的作战变量,指挥官必须实现作战环境可视化,阐述指挥官意图,并通过计划和命令为参谋人员和下属实施任务提供指导。

一、计划

计划的制订有助于在指挥官、参谋人员、下级指挥官和联合行动的伙伴之间建立共同的目标。制订计划的结果是形成一项计划和命令,并能使部队行动在时间、空间和目的上保持同步,从而达成目标和完成任务。

保障旅的计划制订是作战流程中一项具有持续性和周期性的活动。虽然计划制订可能始于作战流程的迭代,但是并不会因命令的形成而终止。在作战行动准备与实施期间,随着态势的不断变化,计划也将不断地完善。在开展评估的过程中,需要下属和其他人员提供相应的反馈。

保障旅指挥官需要向下属下发计划和命令,以传达指挥官对态势和作战行动可视化的理解。计划是对预期行动的持续性的、不断发展的架构,能够实现机会最大化。评价一项计划好坏的标准,并不是看具体实施与计划保持一致,而是看发生意外事件时计划能否使作战行动有效展开。同时,一项好的计划和命令将有助于培养主观能动性。

计划的制订有助于领导者了解问题,以及制定解决问题的相关方案。计划制订能够使部队在满足当前行动需求的同时,着眼于未来的目标;对部队实施任务编组,并明确工作的优先顺序。

参谋人员的职责在于协助指挥官了解态势、制定与实施决策、控制作战行动,以及对作战进程展开评估。

(一)军事决策流程

军事决策流程是一套有关计划制订的方法论。军事决策流程整合了指挥官、参谋人员、下属司令部机关和联合行动伙伴所开展的各项活动,以实现了解态势与任务;制定与比较多种行动方案;选定一项行动方案,并拟制形成作战计划或命令。指挥官负责对参谋人员的计划制订工作提供指导,并通过同步参谋人员的工作对参谋人员进行调配组合。单位的执行官或者副指挥官通常能够协助指挥官推动军事决策流程。

(二)计划的重要组成部分

部队任务编组、任务陈述、指挥官意图、作战构想、下级单位任务、协调指令、控制措施,以及保障附件等都是计划的重要组成部分。指挥官需要确保自身任务和最终态势,与上一级司令部机关保持步调一致。

任务编组,是指为了完成特定的任务,对部队进行临时编组。指挥官通过建立指挥和支援关系,对部队进行任务编组。在计划、命令,或者在附件任务编组中都存在部队任务编组的相关内容。指挥官和参谋人员需要对保障旅的任务编组,并对保障旅所具备完成任务的相关能力展开评估。保障旅的任务编组,随着作战行动在不同阶段的进展而发生变化。构建明确的指挥和支援关系是编组作战行动的基础,能够确定下属与提供支援单位之间的职责和权力。

任务陈述,是能够明确阐述需要采取活动及其理由而达成的预期目的。参谋人员需要分析上级司令部机关的命令和上级指挥官的指示来确定自己需要担负的指定任务和隐含任务。任务陈述的内容通常围绕一项任务,由参谋人员从指定和隐含的任务清单中选定基本任务,并将其列入推荐任务陈述中。保障指挥官需要考虑受支援部队的任务,同时依据分析结果确定基本任务。基本任务将明确指出需要采取的行动,并经过分析形成部队的任务陈述。

指挥官意图,是指保障旅指挥官亲自确定意图,并清晰地传达行动目的、关键任务和预期结果。指挥官意图必须易于记忆,并能让位于指挥链当中的下两级领导者和官兵清楚地理解该意图。同时,指挥官的意图越简短,也就越容易达成这些目的。从地理角度而言,保障旅下级单位分散在指定支援区域范围内,无法面对面地将指挥官的意图同时传达到所有的下级指挥官。保障行动要求保障旅适应作战环境及受支援单位任务的变化。通过理解指挥官的意图和总体的共同目标,下属能够适应快速变化的态势,并利用稍纵即逝的战机。

作战构想,是对指挥官意图的拓展。保障旅指挥官需要从时间、空间、资源、目的和部队作战命令等方面,对保障或后勤保障行动进行描述。作战构想将为下级保障单位共同合作完成任务所采取的方式方法提供指导,并确定这些单位为实现最终态势所采取行动的顺序。作战构想阐明了需要完成的主要任务、下级单位需要承担的职责,以及主要任务之间如何实现相辅相成。在保障旅内,作战参谋和支援作战参谋负责制定作战构想,以及撰写作战计划或作战命令的相关部分。

下级单位任务,规定了各单位需要完成的具体行动。任务是为了完成使命,或者满足其他要求所开展的具体活动。下级单位的任务包括任务的内容、单位、地点、时间和目的。任务是指个人和组织应当完成的活动,需要定义明确而且可度量。

协调指令,适用于多个单位。指挥官的关键信息需求、己方信息的基本要素、交战规则、战斗命令生效时间等都属于协调指令。涉及保障旅的协调指令,可能与后勤信息系统的连通性相关。

控制措施,是指指挥官根据上级指挥官的意图,为下级单位分配相应的任务,并采取必要措施,从而同步与维持对作战行动的控制。保障旅指挥官、下级指挥官及其参谋人员必须深入了解所处支援区域和穿越区域内的控制措施。控制措施在非对称环境中显得尤其重要,因为在特定环境下开展分发行动和保障行动,将跨越保障旅、多国部队的实际范围,甚至跨越国界。

保障附件,是指指挥官命令或计划中的保障部分,包括对部署指令和适用附件的引用。单位的后勤参谋是命令和附件相关部分的主要责任人。保障附件是上级发布的作战计划和作战命令中的保障计划。保障附件是一项总体计划,明确保障概念、支援关系、支援优先级,以及对机动部队支援的任务编组。保障附件将战术层级的支援政策,转化为统一的后勤保障构想。同时,保障附件还说明了部队将如何得到相关保障的细节信息。

保障旅以上级司令部机关作战命令中的分发计划作为指导。分发计划概述由何人完成分发、分发具体项目、何时实施分发、分发到何地,以及如何完成分发。分发计划的内容是对保障旅将如何保持资产可视化、调整分发能力,以及控制作战区域内补给品、勤务和支援能力实施分发等方面的准确描述。分发计划对配送系统的架构进行概述,并描述在作战区域内如何分发部队、物资、装备和保障资源。分发计划将不断更新,从而反映基础设施、支援关系和服务对象所处位置的变化。此外,分发计划构成战斗命令中的保障附件和附录的组成部分。

二、准备

作战准备包括各单位和官兵为推动实施作战行动而开展的各种活动。军事决策流程能够推进作战准备。作战准备阶段通常从接收上级司令部机关的预先号令开始。保障指挥官和参谋应在计划阶段早期开展时间分析,以帮助其决定需采取何种行动,何时开始行动,从而确保部队在作战行动实施之前已做好战斗准备,并各就各位。指挥官要在开展必要的行动之前为下属提供计划指导,根据变化实施任务编组,并在完成计划之前实施其他的准备工作。

领导者和官兵需要在规定的时间内,理解计划,改进计划,并对计划的关键部分进行预演。准备活动主要包括作战计划转换、作战环境保障准备、预演等。

(一)作战计划转换

在准备阶段,制订和维持计划的责任将从计划小组(或未来行动小组)转移到当前行动小组。作战计划的转换,应当确保当前行动小组的作战参谋在计划实施之前完全理解计划。转换的节点为当前行动开始负责控制战斗命令的实施。当前行动小组的职责包括响应与命令相关信息的需求,并通过简要命令维持战斗命令的稳定。作战计划转换能够使计划小组集中力量,对后续行动计划、各分支计划及由指挥官提供指导的其他计划制订需求,并展开计划制订工作。

(二)作战环境保障准备

作战环境保障准备,包含各梯队后勤军官所采取的行动,用于优化为指挥官计划提供保障的方法(部队结构、资源和战略运输)。行动包括识别和准备中间整备基地与前方作战基地、选择与改善交通线,以及预测与构建位于前沿和水上的作战物资储备。作战环境保障准备重点在于识别位于作战区域内可供己方部队使用的当前可获取资源,并确保获取资源的途径是有效的。在实施作战环境的保障准备时,需要考虑以下因素。

地理。与气候和地形有关的信息可以用于判断当前所用地图是否准确,或者在何时需要何种类型的补给品、装备和野战勤务。例如,通过水域信息可以判断是否需要早期部署凿井物资、水源供应与分发单位。地理和气候可能对迂回作战造成不利的影响,从而限制分发手段的选择。地理和道路网对设置保障单位的地点产生影响。

补给与勤务。在为部队提供支援时,应当判断所需要的补给项目在作战环境中是否能够到位,以及所需要的物品是否能够得到使用。生活用品、散装油料及设障物资在国内大都能够获取。东道国是否已经通过国外军品销售渠道,采购了为当前部队系统提供支援的维修配件,维修配件与装备之间是否匹配。在军方资源到位之前,应急合同是否能够获得东道国提供支援的资源,或者来自第三方国家的资源。相关问题的答案有助于分析与东道国支援展开协商的可能性。

设施。确认是否具备仓储与冷藏设备、生产制造厂房、水库、管理设施、维修设备、卫生设施,以及将海水转化为饮用水的海水淡化厂。相关设施和设备的存在能够减少部署具备相同功能设施和设备的需求。有关国家是否具有合适的机械设备用于制造维修配件。现有的通信系统类型(发射塔或互联网接入)将决定各单位携带具有何种功能的设备,以便与战略伙伴展开通信。

运输。了解有关道路网、可获取卡车、铁路、桥梁、港口、货物装卸工人(码头工人)、油料管线,以及物资装卸设备的信息显得极其重要。有关交通流量、海港与空港的进出细节、城市转运区域、道路维修能力、交通阻塞点,以及控制问题的已知信息,也将为潜在作战行动的计划制订提供相关的预示。

通用技能。收集与接受支援国家相关的总人口信息。由于人口统计数据能够向司令部提供教育水平、宗教倾向、语言、占主导地位的年龄组、学校系统（技能集）、性别差异，以及就业力量和优势等信息，使人口统计数据变得非常重要。数据对人力资源决策产生影响，以便了解是否有翻译人员、通用劳动力资源、驾驶员、办事员、物资搬运设备的操作人员、餐饮服务人员、警卫、机械师及码头工人。

（三）预演

预演是指挥官、参谋或部队为提高作战性能，在实施阶段对预期行动的一种演练。指挥官通过预演活动，保证参谋和下属能够理解作战方案和指挥官意图。预演还可使领导者在影响任务完成的关键时间和地点，对保持作战行动同步的相关行动进行演练。有效的预演将在官兵脑海中留下一幅有关作战决定性行动的顺序图，并提升相互之间的理解。一些领导者将预演分为联合兵种预演和保障预演，后勤领导者必须两项预演活动都参加。为了能够较好地提供保障，负责对师或者旅战斗队提供直接保障的战斗保障支援营必须理解机动计划，并了解保障旅如何对受保障单位实施再补给。

保障预演可能包含所有的作战职能或其中某一项作战职能，以便每一项作战职能与整个作战行动保持同步。预演通常包括航空、火力、工程保障，或者伤病员后送的协作和程序演练。各单位可以单独实施预演，然后合成完整的预演。虽然各单位的预演由于作战职能的不同而略有不同，但是在提高作战效果方面的目的是一致的。

三、实施

在实施作战行动期间，指挥官重点关注指导、评估和领导活动，并不断提升理解及修改可视化问题。最初，指挥官需要对从计划到实施的转化提供指导，随着命令的下达，整合的责任将从计划小组转移到当前行动小组。

负责当前行动的作战参谋和支援作战参谋，将负责解决各种问题，以及整个实施作战行动阶段的决策工作。一些支援作战参谋将运用同步矩阵，使关键任务和责任单位可视化与序列化。作战参谋的工作重点在于明确指挥和支援关系，以及各单位的部署地域，并为执行任务的战术单位构建和同步参谋人员保障，包括在各参谋部门与指挥所分队之间分配相关职责，以便展开分析和决策活动。

四、评估

在整个作战流程中,指挥官与参谋人员、下级指挥官及其他联合行动伙伴一起完成自身的评估工作。对作战流程展开评估的主要工具,包括战斗命令、通用作战态势图、人员观察、运行评估及评估方案。指挥官的意见是形成指挥官个人作战流程评估的基础。利用评估和提供支援的数据反馈,有助于提升保障的有效性和效率,并实现保障行动的最优化。

指挥官通过运用后勤信息系统、来自受保障单位内部评估的反馈等工具,对评估进行制约与平衡。对旅或者营的执行情况的评估可采用受保障单位反馈的方式。当指挥官和指挥军士长实施战场循环计划时,为了对保障效果加以验证,指挥官和指挥军士长需要检查己方官兵,并与受保障单位进行对话,其中包括师的后勤助理参谋长。

评估是一种持续性的工作。评估将先于作战进程中的每一项活动,为行动提供指导,并总结每一项作战行动或作战行动的各个阶段。总体而言,评估的任务包括:监督当前态势,收集相关信息;评估实现最终态势条件的进程、目标的达成状况及任务的执行情况;为质量提升提供意见建议或相关指导活动。

运用任务式指挥理念,有助于指挥官巧妙地使用权力,掌握协助完成任务所需要的各种系统与程序。指挥官通过运用任务式指挥的作战职能,有助于整合和同步各种类型的作战行动。保障旅指挥官确定自身的信息需求,并重点关注所属参谋人员和组织利用信息系统满足需求。保障旅的基本指挥所,包括所有参谋科的代表,以及与计划、准备、实施和评估作战行动密切相关的全套信息系统。指挥官将指挥所编组成为职能小组和综合小组。职能小组依据作战职能,分为人员和装备两个部分。综合小组分为当前行动小组、未来行动小组和计划小组,并在计划周期内保持同步。作战流程是在作战行动期间开展的任务式指挥的活动,主要有计划、准备、实施和评估。

附录　美国陆军保障专业术语

1. 陆军部队(arfor)

陆军部队是隶属或者配属于作战司令部、下级联合部队司令部、联合职能司令部或者多国司令部所有陆军部队的组成部队和高级陆军司令部机关。

2. 作战区域(area of operations)

作战区域是由联合部队指挥官为陆上部队及海上部队确定的作战区域,该作战区域应该大到足以完成他们的任务及保护其部队。

3. 区域保障(area support)

区域保障,即后勤方法、医疗保障及人事勤务等由被保障单位的位置所决定的保障关系。保障单位对位于或者通过该区域的单位提供保障。

4. 陆军军种部队司令部指挥官(Army service component commander)

陆军军种部队司令部指挥官是指定给作战司令部的陆军军种部队司令部的高级陆军指挥官,在司令部内执行指定给陆军部队联合行动武装部队的指挥职能,同时也执行三种战略及战役级任务。

5. 基地(base)

基地是发起或者保障军事行动的地点。

6. 基地群(base cluster)

基地群是在基地防御作战中,为了相互保护和便于指挥控制,按照地理位置分组而成的一组基地。

7. 基地防御(base defense)

基地防御,即为了消除或者降低敌方对基地的攻击或者破坏,确保可供军队使用的基地设施的最大容量,需要依托正常和应急地方军事措施实施的防御。

8. 集中计划(centralized planning)

集中计划是通过上级统筹协调,联动开发与协调制订的计划。

9. 指挥官关键信息需求(commander's critical information requirement)

指挥官关键信息需求由指挥官确定,其对于推动及时决策至关重要的信息需求。

10. 指挥官意图(commander's intent)

指挥官意图是用以保障任务式指挥的军事终极状态与行动目的的清晰简述,在没有进一步命令,即在行动还没有按计划展开的时候,为参谋人员提供关注点,帮助下级和保障指挥官达到指挥官期望的目标。

11. 指挥官构想(commander's visualization)

指挥官构想是部队通过态势理解、确定期望最终状态及预期时间顺序,以获取最终状态的一种心理过程。

12. 通用作战态势图(common operational picture)

通用作战态势图,即指挥官关注区域相关信息的显示,按用户要求定制,建立在通用数据及更多司令部共享的信息之上。

13. 配置基数(configured load)

配置基数,根据消耗单位预期的或者实际的需要所建立的单一的或者多物资基数。

14. 后果管理(consequence management)

后果管理是为维持或者恢复基本服务,以及管理并减轻灾祸所带来的后果所采取的措施,包括自然的、人为的及恐怖的事件。

15. 共同用户地面运输(common-user land transport)

共同用户地面运输是由单一军种负责实施的点对点的陆路运输服务,可供两个或者多个军种共同使用。

16. 分散执行(decentralized execution)

分散执行是将执行权限委托给下级指挥官。

17. 配送(distribution)

配送是使后勤系统各个部门同时在"正确的时间"把"正确的物资"分发到"正确的地点"的作战过程。

18. 配送管理(distribution management)

配送管理,即同步与协调复杂网络(物理的、通信、信息及资源)和保障职能(后勤、人事勤务和医疗服务保障),获取行动要求的响应性以实施保障职能。

19. 基于后勤配送系统(distribution-based logistics system)

基于后勤配送系统,即机构、基础设施、过程,以及自动化系统的国防部、联合和军种网络,为军事行动范围内的全球部队提供快速、确定的保障及回撤保障,是一个综合产业。

20. 配送系统(distribution system)

配送系统,即经营军事物资的机构、设施、方法与步骤的综合体系,负责在军事系统接收站与发至使用机构、部队的分发站之间军事物资的接收、储存、维修、分配及控制等工作。

21. 执行机构(executive agent)

执行机构是指国防部长或者副国防部长授权下属,代表国防部长行事。

22. 信息与影响活动(information and influence activities)

信息与影响活动,即整合与指定信息相关的能力,使得主题、信息活动与行动保持同步,从而告知受众,影响外国受众,同时对对手和敌人的决策造成影响。

23. 陆军信息系统(army information system)

陆军信息系统是用于搜集、处理、储存、显示、分发信息的装备,包括计算机(硬件及软件)和通信的使用政策及程序。

24. 途中可视性(in-transit visibility)

途中可视性是从起始点到跨越军事行动区的收货人或目的地的途中,对国防部单位、无所属单位的货物、旅客、伤病员及个人财产等的具体身份、状态及位置进行追踪的能力。

25. 联合作战区域(joint operations area)

联合作战区域,即陆上、海洋和空域中的某一区域,由地理作战指挥官或者下属联合指挥官确定,联合部队指挥官(通常为联合特遣部队指挥官)在联合作战区域内负责实施军事行动,完成特定的任务。

26. 联合部队指挥官(joint force commander)

联合部队指挥官,泛指经授权对一支联合部队实施作战指挥或作战控制的作战司令部指挥官、下属联合司令部指挥官或联合特遣部队指挥官。

27. 联合安全区(joint security area)

联合安全区是一个由联合部队指挥官指定的具体地面区域,为保障联合行动对保护联合基地提供便利。

28. 联合安全协调区(joint security coordination center)

联合安全协调区是定制的一个联合行动中心,在联合行动区协助联合安全协调员满足安全需要。

29. 联合安全协调员(joint security coordinator)

联合安全协调员,即根据联合部队指挥官的指令及优先等级对协调整个行动区安全负有职责的军官。

30. 知识管理(knowledge management)

知识管理,使知识流动,增强共享理解、学习和决策的过程。

31. 优先情报需求（priority intelligence requirement）

优先情报需求，作为情报支援的优先考虑事项，指挥官和参谋需要了解敌方或者作战环境的其他方面情报。

32. 交通线（line of communications）

交通线，即连接作战部队与作战基地，以及获得补给品和兵员补充的陆上、水上与空中线路。

33. 后勤（logistics）

后勤是关于计划和实施部队的输送与维持的所有事项，广义上是指军事行动中的物质装备的设计研发、采购、储存、输送、分配、维修、后送和处理，人员的输送、后送和住院治疗，设施的采购、建造、维修、操作和处理，勤务的获取和提供等。

34. 物资管理（materiel management）

物资管理是部队后勤工作的一个方面，包括物资的管理、分类、供需计划、需求的确定、采购、分发、维修及处理。

35. 任务式指挥（mission command）

任务式指挥是基于任务式命令集中执行军事行动。成功的任务式指挥需要各级指挥官在上级意图内发挥主动性，积极行动，独立完成任务。

36. 任务式命令（mission orders）

任务式命令是对下级强调所获取的结果而不是过程的指令。

37. 机动安全部队（mobile security force）

机动安全部队是在基地或者基地群指定击败一级与二级威胁的专门安全部队。

38. 机动走廊（mobility corridor）

机动走廊是受地形限制的部队可通行的狭窄地区。部队可以集中快速通过，使其相对不受障碍物的影响。

39. 节点（node）

节点，即在一个机动系统中的一个点，从该点开始有运动的要求，在该点向前运动或在该点终止运动。

40. 非政府组织（nongovernmental organization）

非政府组织旨在减轻人类痛苦，促进教育、健康护理、经济发展、环境保护、人权及冲突的解决，鼓励民主制度与公民社会建立的私有的、自我管理的、非营利性专门组织。

41. 计划制订(planning)

计划制订是参谋人员借以将指挥官的构想转化成准备及执行的具体行动的过程,并致力于期望的结果。

42. 实时评估(running estimate)

实时评估是参谋部门对目前及将来行动进行持续评估以确定现有的行动是否符合指挥官的意图,以及未来的行动能否得到保障。

43. 态势理解(situational understanding)

态势理解是对相关信息进行分析及判断的结果,用来确定任务变量之间的关系,并为决策提供便利。

44. 参谋监督(staff supervision)

参谋监督是向隶属于指挥官的其他参谋及人员传达并说明指挥官的计划与政策,协助各隶属人员予以执行、跟踪实施进度,以及向指挥官报告实施情况的过程。

45. 保障(sustainment)

保障是提供所需的后勤、人员服务以维持及延长行动,直到成功地完成任务。

46. 支援作战(support operations)

支援作战,是按照参谋制订的计划协调和同步保障,从而为在作战区域内实施决定性行动提供支援。

47. 配送体系(distribution system)

配送体系,即一系列设施、装置、方法和程序,旨在接收、储存、维护、分配和控制军事物资,从接收点流入军事系统到发放点流入使用活动和单位之间的流动过程。

48. 终止条件(termination criterion)

终止条件,由总统或者国防部长批准,在联合行动结束之前必须达到的特定标准。

49. 战区(theater of operations)

战区是由地理作战司令部指挥官决定,为实施或者支援特定军事行动而确定的作战区域。

50. 吞吐量(throughput)

吞吐量,即在运输过程中,从抵达港口到装载到船舶或飞机上,以及从船舶或飞机卸货到港口综合体出口,每天可通过港口的货物和乘客的平均数量。

51. 吞吐量分配(throughput distribution)

吞吐量分配是通过绕过供应系统中的一个或者多个中间补给梯队,避免多次处理的一种分配方法。

52. 战区关闭(theater closing)

战区关闭是从战区重新部署陆军部队、陆军非部队装备的削减、拆卸和处置,以及将装备和设施返还东道国或民用机构的过程。

53. 战区配送(theater distribution)

战区配送,即人员、装备和物资在战区内的流动,从而完成地理区域作战指挥官的任务。

54. 战区开启(theater opening)

战区开启是建立及操作卸载港和配送系统的能力,为作战区域内部队行动的接收、集结、前运和收拢行动提供便利。

55. 总资产透明度(total asset visibility)

总资产透明度,即行动和后勤管理者通过国防部后勤系统获得的地点、数量、环境、调动、资产状态等方面信息的能力,包括可消耗与可修理的所有级别和所有二等项目。

56. 定时供应(time-definite delivery)

定时供应,即在接收机构规定的某一时间及目的地提供其所需要的后勤保障。

57. 统一地面行动(unified land operations)

统一地面行动是为制止冲突、赢得战争及创造条件解决冲突,通过对民事当局行动的同时进攻、防守、稳定或防御,利用主动性,从而在保障地面行动中获取相对有利位置。